职业教育·创新教育知识读本

校园“爱迪生”

主　编　王　姬　李　政
副主编　仲爱萍
参　编　金　培

机　械　工　业　出　版　社

本书集教育性、创新性、可行性和示范性为一体，通过生动的发明创新小故事、有趣的创新思维训练、新颖的发明创新项目，让读者掌握创造发明的方法与技巧。书中的发明案例都是笔者在指导学生进行发明创新实践中积累的典型案例，具有很强的可操作性。希望读者能从书中得到启发，从而诞生更多的校园“爱迪生”。

本书将创造文化的理念与实务相结合，内容翔实、图文并茂、生动有趣，可以作为职业院校创新类选修课程教材，适用于广大学生课内外开展各种创新活动，也可以作为中小学教师和学生的创新读本。

图书在版编目(CIP)数据

校园“爱迪生”/王姬，李政主编. —北京：机械工业出版社，2015.9（2016.7重印）

（职业教育·创新教育知识读本）

ISBN 978-7-111-51478-7

Ⅰ.①校… Ⅱ.①王… ②李… Ⅲ.①创造教育—中小学—教学参考资料 Ⅳ.①G632.0

中国版本图书馆CIP数据核字(2015)第214057号

机械工业出版社(北京市百万庄大街22号 邮政编码100037)

策划编辑：汪光灿 责任编辑：汪光灿

责任校对：张 力 封面设计：张 静

责任印制：乔 宇

北京铭成印刷有限公司印刷

2016年7月第1版第2次印刷

184mm×260mm·8印张·166千字

2001—4500册

标准书号：ISBN 978-7-111-51478-7

定价：33.00元

凡购本书，如有缺页、倒页、脱页，由本社发行部调换

电话服务

服务咨询热线：010-88379833

读者购书热线：010-88379649

网络服务

机 工 官 网：www.cmpbook.com

机 工 官 博：weibo.com/cmp1952

教育服务网：www.cmpedu.com

金 书 网：www.golden-book.com

封面无防伪标均为盗版

前　言

创造力一直都是推动人类文明进程的源动力，是当代学生必备的素质之一。为了激励和帮助更多的学生在创造发明、创新设计中取得成果，特编写《校园“爱迪生”》一书，希望学生通过这些发明创新小故事，学习创新思维规律，掌握创造发明的方法，在各级发明竞赛中取得佳绩，为冲击更高一级的创新展示平台打下坚实的基础，从而诞生更多的校园“爱迪生”。

本书从职业学生的认知特点、兴趣和需求出发，以发明专利项目为载体，培养学生的创新意识和实践能力，激发其参与发明创新设计的兴趣，培养其对待科学技术严谨的研究态度，以及对未知问题不断探索的精神。全书集教育性、创新性、可行性和示范性为一体，不仅注重对与创新实践联系紧密的基础知识与基本操作技能的介绍，而且注重引导学生领悟和树立技术创新思维，在生活实践中主动去发现问题和解决问题。具体表现在以下几点：

(1) 实用性　在内容选择上，本书知识点的取舍以“实用、够用”为原则，根据教学的需要选择和组织内容，利用国家知识产权文献资料，引导学生开展创新设计活动和申请国家专利，具有很强的可操作性、实用性。

(2) 直观性　本书语言直观生动，贴近学生；图文并茂，发明技法示图明晰，可操作性强。

(3) 新颖性　在案例和项目的选取上，既充分贴近生活实际，又不失独特的创意，让学生能时刻感受到创造发明就在身边。

本书共有五章，第一章为创造改变世界，通过一些创造小故事、创造小知识等，让学生认识创造、感受创造，树立创造的信心；第二章为思维创新训练，介绍了几种主要创新思维的特点，安排的思维训练旨在有效提升学生的创新思维能力；第三章为创新设计基础，介绍了参与创新设计活动必备的几种能力，通过对投影视图、三维建模、3D 打印技术的学习，学生可以掌握创新设计的基础知识和先进技术手段；第四章为发明设计 DIY，通过专利发明的三个方向，以已经完成的学生发明案例为例，具体介绍发明设计的流程，为学生开展创新设计活动提供借鉴和参考；第五章为专利申请三部曲，介绍申请专利的具体步骤和注意事项，有很强的可操作性、实用性。

本书由浙江省特级教师王姬、全国创新特色教育优秀教师李政任主编，仲爱萍任副主编，金培参加编写，本书的编写还得到了 Autodesk 公司肖尧的技术支持，在此一并致谢。

尽管本书是编者经过精心策划撰写的，但是由于创新活动在国内还属于起步阶段，编者对于创新的理解和认识还有不足之处，敬请广大读者提出宝贵意见。

编　者

目　　录

第一章

创造改变世界

没有创造，就没有世界。我们可以想象：如果世界上还没有自来水设备，我们就得每天挑着水桶到井边打水；如果还没有发明电灯，我们就得在煤油灯暗淡的光下度日；如果汽车还没有出现，我们也许需要经过几天乃至几个月的跋涉才能到达目的地……没有创造，社会将处于蒙昧状态，人类也还在刀耕火种。创造对于我们来说是多么重要！莎士比亚说过：“美是生活，美是创新。”这一至理名言告诉我们，应该用自己勤劳的双手，去创造，去装饰我们的生活。古人尚知创造，在现代化社会的今天，我们又怎么能抛弃创造呢？创造是社会发展的推动力，是走向美好未来的重要保证，是幸福生活的源泉。

第一节 初识创造的魅力

如果学生在学校里学习的结果是使自己什么也不会创造，那他的一生永远是模仿和抄袭。

——列夫·托尔斯泰

创造的特征是新颖性、独特性、先进性，创造代表先进生产力和先进文化，能推动人类社会进步。创造的三要素：希望打破“常规”的迫切愿望、有效的创造方法、基本的创造技能。

小故事大道理

拒绝变化的狗鱼

狗鱼很富有攻击性，经常攻击一些小鱼。科学家把狗鱼和小鱼放在同一个玻璃缸里，中间隔上一层透明玻璃，狗鱼出于本能试图攻击小鱼，但是每次都撞在玻璃上。多次遭受挫折后，狗鱼放弃了攻击。后来，实验人员拿走了中间的玻璃，这时狗鱼仍没有攻击小鱼的行为，这一现象被叫作狗鱼综合征。

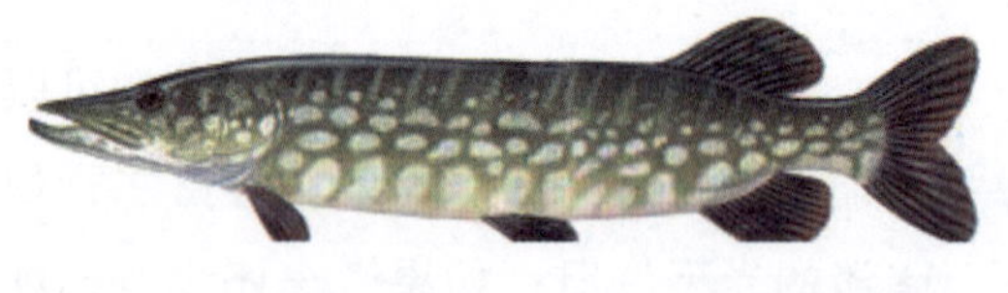

狗鱼综合征的特点是：无视差别、滥用经验、墨守成规、不尝试新的途径、屈服于压力。

这个实验告诉我们，常规思维具有一定的局限性，墨守成规有时会阻碍我们的发展。必须不断学习新知识、新观念，永远对世界充满好奇心，才能让大脑变得灵活，才能发现生活和工作中的机遇，找到问题的解决方案。

读完《拒绝变化的狗鱼》的故事，你可能有所触动吧，创新思维对我们的成长和发展具有重要意义。

知识小百科

人脑具有强大的创造力

人脑类似于由100亿~140亿台微型计算机所组成的庞大的电子计算机信息网络处理系统。

一个正常人的大脑可储存1000万亿信息单位，相当于一般电子计算机储量的100万倍，如果全部用来储备知识，人脑的记忆容量相当于5亿本书籍的知识总量。

人脑的功能非常强大，俄罗斯学者伊·尹尔菲莫夫研究指出：人的大脑可以同时学习40种语言，默记一套大英百科全书所容纳的全部内容，还可以有余力去完成十门大学课程的教研活动。

我国是个发明大国，世界史上100项重大发明的前27项中，有18项属于中国人的发明。

如果把创造活动比喻成过河的话，那么有效的方法就是用于过河的桥或船，可以说，方法比内容更重要。法国著名的生理学家贝尔纳曾说：“良好方法能使我们更好地发挥天赋和才能，而笨拙的方法则可能阻碍才能的发挥。”有效的创造方法可以启发人的创新思维，同时也可以提高人们的创造力，甚至可以直接产生创造、创新成果或提高创造、创新成果的实现率。

创意的提出是有规律可循、有法可用的，这就是创造方法。创造方法主要分为三大类：一是发现问题的方法，发现问题是创新的起点；二是形成新概念的方法，现代的创新很大程度上依赖于新概念的诞生，在新概念的理论指引下，创新才能得以成功；三是提出新设想的方法，这是解决问题的关键。

最强大脑

尼龙搭扣的诞生

1948年的一天，瑞士工程师乔治·德梅斯特拉尔在带着狗散步时注意到，狗身上粘了许多植物芒刺。通过在显微镜下的观察，他发现这些芒刺是和狗的卷毛钩在一起的，于是他发明了“维可牢”（尼龙搭扣）。

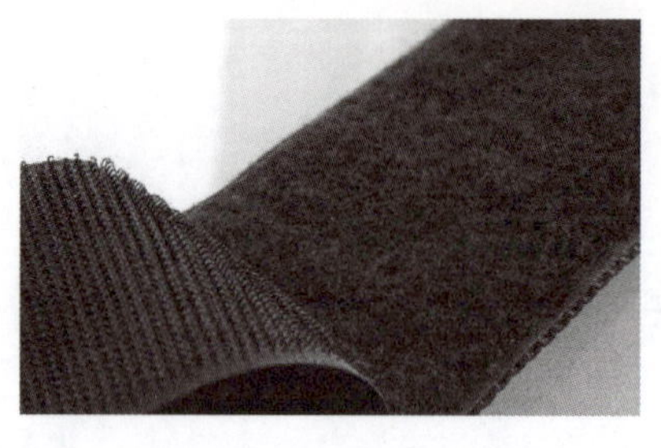

我们都能看见粘在狗毛上的芒刺，但创造力强的人能迅速发现问题，展开思考，能富有远见地把两件看似不相干的事物联系在一起，从而进行创造。

无论进行何种创造性活动，基本的创造技能是创新的基本条件，科学家研究发现，人类具备十三种主要的创造技能：信息能力、观察力、注意力、记忆力、理解力、发现问题能力、开发选题能力、抓住机遇能力、操作能力、工程能力、智能技术运用能力、破译黑箱能力、系统分析和系统决策能力。

成长工作坊

方形西瓜的启示

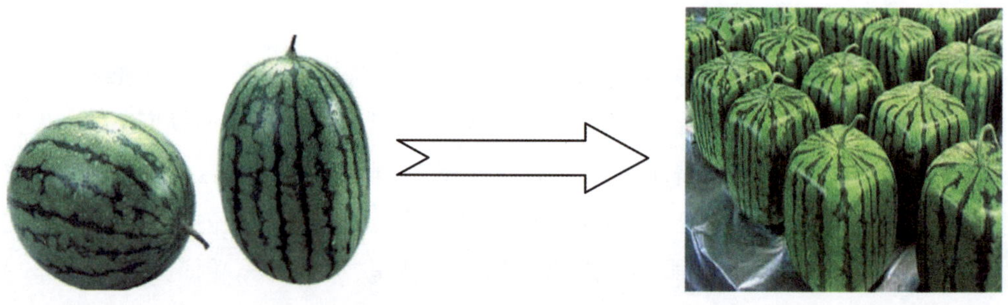

圆圆的西瓜不容易放置，运输也很不方便，科学家们经过反复研究，培育出了方形西瓜，解决了装载和运输的问题。其实，当人们突破惯性思维时，就会发现很多创意其实并不困难。我们不妨从事物的形态、结构、质地、颜色、音响和气味等入手进行改变，就会得到意外的效果。其实，创造并不是深不可测的，有时，甚至改变一下产品的形状，就能产生备受欢迎的新产品，创造出市场奇迹。

想一想：西瓜从圆到方的转变说明了什么？

做一做：将现有的一些物品换一种方式看，改变现有的形状、改变制作工艺、改变物品的结构，如把原来方形的改成圆形的，把直的改成弯的……也许会比原来的更便利些。

晒一晒：下面展示的是一些创新小家电，它们都非常新颖有趣，我们一起来欣赏吧。

对话框留言壁灯

这样的对话框大家一定非常熟悉，在漫画书上经常出现。西班牙设计师 Daniel Benito 通过创新，将原本简单的造型设计成了一款壁灯，看上去非常简约，用户还可以用它做留言板。

会吹泡泡的瓶子

白色的陶瓷材质让产品整体感觉非常清爽，而且富于质感，闲暇时看着它吐出的一个个小泡泡，将是一件多么令人愉悦的事情。对了，这是一款空气加温器。

魔　方　灯

这是依据 20 世纪 80 年代风靡全球的魔方玩具开发的。与魔方相似，这种灯由 26 个形状相似的小立方体互相连接在一起组合而成，转动魔方，可以形成 4. 3 亿种不同的组合，而这些组合可以形成不同的照明效果。

两用概念马桶

这款为公共厕所设计的概念马桶可以在尿便池和坐式马桶间进行转换，它在外形上相当时尚、现代。

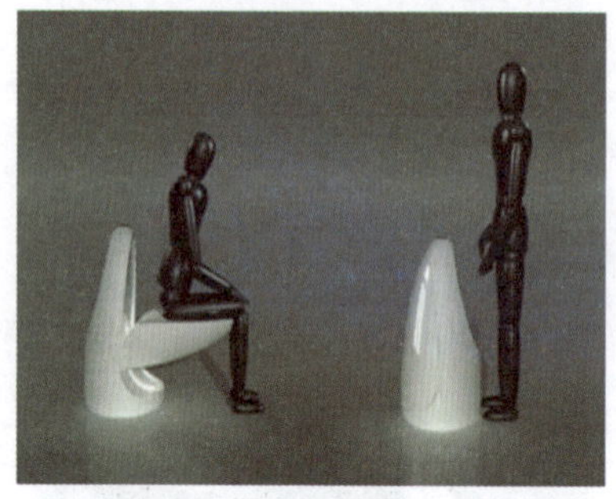

超级有趣的投影微波炉

当我们在微波炉里烹制食物时，顶部的投影设备会将食物烹制画面投影到墙上，在很远的地方就能一目了然地看到微波炉里的烹制情况及烹制时间。

以上这些创新小家电有趣吧？下面以小组为单位，一起收集创新小电器的实例，并分析这些小电器的创意点在哪里。

第二节 培养创造的品质

汗干了，血干了，热情干了，僵了，死了，死人才无意于创造。只要有一滴汗，一滴血，一滴热情，便是创造之神的行宫，就能开创造之花，结创造之果，繁殖创造之森林。

——陶行知

创造的品质培养在创造型人才的成长中具有非常重要的作用，品质在创造活动中起着动力和监控的作用。只有具备创造的品质，才能不被环境因素所限制，而坚持进行创造性活动。具有创造品质的人，在创造活动中能自主监控自己的活动过程，运用更有效的方法和技能取得创造成就。因此，我们应特别注意对创造品质的培养，使创造潜能得到全面的激发。

小故事大道理

校园“小爱迪生”

在浙江省小发明成果展洽会上，宁波市职业技术教育中心学校的三项获省创新创业大赛一等奖的作品吸引着大家的目光。

由安宏伟等同学研制出的“乒乓陪练机器人”获得了2013年省创新创业大赛一等奖。他们利用计算机辅助设计(CAD)软件设计出机器人的外形，再利用杠杆原理、摩擦传动、齿轮传动制作机械部分。捡球机器人利用摩擦力的原理把球收起来，发球机器人可通过内部程序调节发球方向、速度、力量、落点。这样，即使一个人玩球也可以乐在其中。

芦金寅等4名同学发明的“电缆断点诊断仪”看起来毫不起眼——一个内置5W锂电池的小箱子里装着两个测试夹子。但就是这个毫不起眼的小箱子，却获得了大家的交口称赞。家里的电线可能因为老化而断掉，但又不知断点在何处，这时只要把电线的两端接上测试夹子，按下测试按钮，电线的故障处就会产生电弧，从而准确地找到断点。更为诱人的是，这个小发明的成本不过几十元，而市场上类似产品的价格为上千元。这个小发明的专利已被宁波光电器材有限公司以56万元的价格买断。

王奇栋、余达辉等同学研制出可以戴在头上的“鼠标”，不仅为上肢残障人士操作计算机带来了便利，还能用于汽车模拟驾驶。戴上“头控鼠标”，可以通过头部的转动切换屏幕中的景物视角，仿佛置身于真实的道路场景中。上海一家专门开发驾驶模拟系统的公司对该作品的商业价值表现出了兴趣。

人，要进步，要发展，都要有一股以天下为己任的责任感、强烈的奉献精神，以及迫切的求知欲和创造力，由此推动人类自强不息、努力奋斗。奉献才智是学习的动力，人们越是学习，未知的世界越大，也就越能感到自身知识的缺乏；而越是不断地学习积累，越能不断地有所创造。

知识小百科

李约瑟难题

英国著名的生物化学家李约瑟，在其编著的15卷《中国科学技术史》中正式提出了著名的“李约瑟难题”：如果我的中国朋友们在智力上和我完全一样，那为什么像伽利略、托里拆利、斯蒂文、牛顿这样的伟大人物都是欧洲人，而不是中国人或印度人呢？为什么近代科学和科学革命只产生在欧洲呢……为什么直到中世纪中国还比欧洲先进，后来却会让欧洲人着了先鞭呢？怎么会产生这样的转变呢？

李约瑟的答案：

(1) 资源因素　中国多山少地，半干旱气候的生态约束促使中国发展了节省能源、消耗劳力的农业技术，而非扩张资源、节省劳力的牧农技术，导致周期性的生态危机和治乱循环，阻碍了劳动分工的发展。

(2) 文化因素　从文化竞争模型可以看到：冒险精神有利于多元和创新，避险倾向则有利于稳定和赶超。中国的儒家、道家、法家流派的主导思想无不是规避风险、明哲保身。

(3) 系统复杂性因素　劳动分工的发展要求具有稳定的环境，现代科学和资本主义的出现不是单一文化的自身延展，而是多种文明冲突演化的结果。中国面临单一小农经济造成的生态危机的恶化，秦汉以来自然灾害的周期不断缩短，农民起义和外敌入侵不断，加上政府货币、财政政策的多变，都不利于劳动分工的保持。

李俊华的答案(摘自《基于技术创新的视角看“李约瑟问题”》)：

在小国寡民的古代中国，点滴的技术改进在原始的生产力面前都可以看作伟大的壮举，都可以刺激生产方式的巨大改进，所以古代中国技术发明比比皆是。而到了近代中国，自给自足的自然经济已经发展到顶峰，并沿着其生命周期曲线迅速下滑，来自外部环境因素的制约已经使利润的天平发生严重的倾斜，技术改进、发明创造带来的利益不足以弥补其成本的投入，在感叹古代文明成就的同时，只能与技术创新“依依惜别”。

钱学森的答案：

现在中国没有完全发展起来，一个重要原因是没有一所大学能够按照培养科学技术发明创造人才的模式去办学，没有自己独特的创新的东西，老是“冒”不出杰出人才。

不迷信，不盲从，敢怀疑，敢超越，是当今时代的科学理性的独立精神。读完《李约瑟的难题》，大家讨论一下，是否也能给出一个答案？面对科学家们的解读，我们又应该以怎样的行动来破解难题呢？

最强大脑

哥本哈根精神

“哥本哈根精神”是由丹麦著名科学家尼耳斯·玻尔于20世纪初提出的。著名物理学家罗森菲耳德为“哥本哈根精神”下的定义是：完全自由的判断与讨论的美德。哥本哈根的玻尔研究所之所以能成为“物理学界的朝拜圣地”，除了因为它的创始人尼耳斯·玻尔对世界物理学作出的无与伦比的不朽贡献之外，还因为它爱才如命，到处物色有希望的青年人来所工作，积极提倡国际合作，以致被誉为“科学国际化之父”。

随着科学技术的迅速发展，创造的课题日趋复杂化、规模化，创造的组织方式从个体走向群体，这就特别需要创造者培养合作精神。在当代，合作精神已成为个人成才和获得创造成果最重要的创造性品质之一。

成长工作坊

易拉罐变形记

日常生活中，我们喝完易拉罐中的饮料后，往往将易拉罐随手丢进垃圾桶，下图是同学们用易拉罐废旧材料制作的工艺品，它们简单、实用，你也动手试试吧。

改进小雨伞

在日常生活中，我们经常会用到雨伞，在使用过程中肯定有很多不方便的地方。请写出你用过的雨伞的缺点，并对这些缺点进行改进。

缺　　点	改 进 方 法
伞面不易干	
功能单一	
用手撑比较费力	
式样太单调	
……	

创意铅笔

大家能说出一直伴随我们从小到大的铅笔有什么特征吗？例如，它是直的，大部分是由木材、纸做成的，横截面是门边形或圆形，削开笔尖是圆锥形。让我们来设想一下：

1）它的材料大部分是木材、纸，用橡皮泥、塑料可以吗？

2）它是直的，变成软的、弯曲的、融入其他元素可以吗？

同学们都来当一次设计师，让你的铅笔来一次有趣的变形吧。

第三节

树立创造的信心

科技进步日新月异，思想文化交融激荡，人类社会深刻转型。这一切，为你们今后的发展提供了广阔的空间，也提出了前所未有的挑战。你们今后要有所作为、有所成就，不仅取决于你的知识和技能，而且更依赖于你的创造性。2010 年，IBM 公司针对 33 个行业中 1500 名首席执行官的一项调查发现，他们的成功至关重要的因素就是“创造力”。在职业社交网站 LinkedIn 的用户档案中，“创造力”也是两年来使用最多的词汇。在当今世界，创造是你们面对生活、面对事业、面对社会、面对未来的最佳选择。

——陈吉宁（摘自于原清华大学校长给学生的毕业致词）

你的脑海中曾经出现过这种情形吗？“一种想法突然闪现出来”“一闪念”，或者“我恍然大悟”。其实，这种体验来自某一深度潜意识，我们都会对某种事物产生一些新念头，也许抓住它，深入去思考，就会有新思路、新观念或新创造。创造能力对学生来说已经越来越重要了。过去，大多数企业的工作都是一些“体力活”，员工用手工作就可以了。而现在，企业的发展不仅需要传统的熟练工人，更需要能够适应新的形势，用大脑工作的新型员工。一位知名企业家曾经对他的员工说：“我们的工作，并不是要你去拼体力，而需要你带着你的大脑来工作。”创造需要勇气，因为创造意味着打破常规，而且一旦创造者在短期内无法证明自己是正确的，各种怀疑和指责就会接踵而至。因此，一位勇于创造的人要有勇气去承担可能失败的结果，去面对他人的怀疑和指责，更要有信心去完成自己的事业。

小故事大道理

生活中的灵感激发创造热情

浙江象山技工学校学生朱振霖在当地的一家汽车维修公司实习时发现，师傅在安装变速器输入轴密封圈时总要遇到一个难题——安装密封圈前要扩张油封的内孔，可是油封采用的是特氟龙材料，这种材料耐温、耐磨、耐蚀，很难扩张，扩张后又不易收缩，所以一次成功率很低，返修率特别高。

“我要设计一个专用的安装工具。”朱振霖有了创造的冲动。朱振霖把视线落到了日常生活的小用品中——水龙头、热水瓶塞、套袖……这些不起眼的小东西使朱振霖脑中灵光一闪。水龙头的螺纹和热水瓶塞都是利用锥形原理而来，密封圈的安装工具是不是也可以像漏斗一样做成锥形呢？朱振霖就去查找资料，设计草图，并制作出第一个样品。根据汽修公司师傅试用后给出的改进建议，朱振霖又作了进一步的修改，“密封圈安装保护器”应运而生，并申请了专利。

“这个小发明省时省力，能让密封圈一次安装到位，降低了返修率，减少了维修成本。”象山乐业汽修公司总经理郑江十分青睐这项小发明，以8万元的价格买下了朱振霖的专利。

毕业学生是未来企业技术应用的骨干力量，掌握创造方法，养成创造思维，在工作中锐意改革，进行产品的创新，将会为企业带来更多的经济和社会效益，大大提高企业的市场竞争力。这样的毕业生，企业欢迎，社会急需。勇于创造，乐于创造，是新时期对职业学生成才的全新注释。

知识小百科

吉尔福特的创造力量表

吉尔福特是美国心理学会主席，他认为，发散思维在某种程度上能代表个人的创造能力，故发散思维的测量，实质上就是创造能力的测量。他与同事创编了一套测验题，共有13个部分，其中前10部分要求言语反应，后3部分为图形内容的非言语测验。这套量表的年龄适用范围主要是初中以上水平的青少年及成人。

测试目的：考察思维的流畅性、灵活性、独特性和精致性。

测试题型：开放题型。

(1) 词语流畅性测验　要求被测者迅速写出包含某一特定字母的单词，如“a”。答案可能有abac，about，act……

(2) 观念流畅性测验　要求被测者迅速写出属于某种特殊类别的事物，如“半圆结构的物体”。答案可能有拱形桥、降落伞、泳帽……

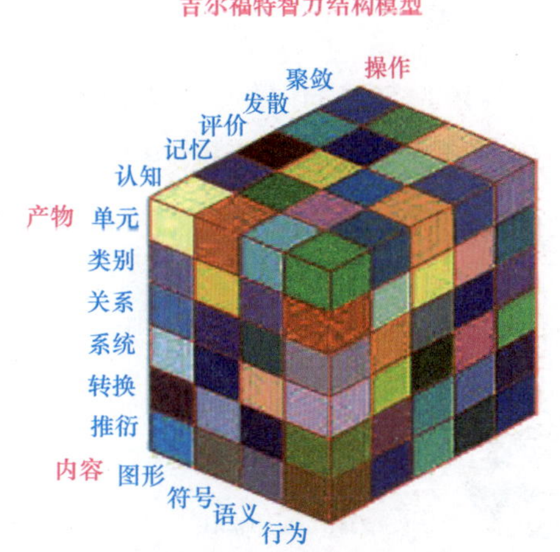

(3) 联想流畅性测验　要求被测者列举某一词的近义词，如“承担”的近义词。答案可能为担负、承受、承当……

(4) 表达流畅性测验　要求被测者写出具有4个词的一句话，这4个词的词头都指定某一个字母，如“k-u-y-i”。答案可能有keep up your interest，kill useless yellow insects……

(5) 非常用途测验　要求被测者列举出某种物体通常用途之外的非常用途，如“砖头”。答案可能有当作板凳、打狗、磨镰刀、写字……

(6) 比喻解释测验　要求被测者填充意义相似的几个句子，如“这个妇女的美貌已是秋天，她……”答案可能有“……已经度过了最动人的时光。”“……还没有来得及充分享受生活就步入了徐娘半老的岁月。”再比如解释“沧海一粟”“一箭双雕”等。

(7) 用途测验　要求被测者尽可能列举出某一件东西的用途，如“空罐头瓶”。答案可能有做花瓶、切圆饼、养蚯蚓等。

(8) 故事命题测验 要求被测者写出一个短故事情节的所有合适的标题。例如:“冬天到了,一个百货商店的新售货员忙着销售手套,但他忘记了手套应该配对出售,结果商店剩下了100只左手手套。”答案可能有“新售货员”“100只左手手套”“左撇子的福音”等。

(9) 后果推断测验 要求被测者列举某种假设事件的所有不同的结果。例如:“如果每周再多一天休息,会有什么结果?”答案可能有旅游的人更多、胖子更多……

(10) 职业象征测验 要求被测者根据某一个称呼列举出它代表或象征的所有可能的工作,如“灯泡”。答案可能有电气工程师、灯泡制造工、电工……

(11) 绘图测验 要求被测者把某一个简单图形复杂化,组成尽可能多的可辨认的物体。

(12) 装饰测验 要求被测者在普通物体的轮廓上尽可能多地设计出不同的装饰方案。

(13) 加工物体测验 要求被测者利用一套简单的图案,如圆形、三角形、长方形、梯形等,画出指定的事物。在画物体时,可以重复使用任何一个图形,也可以改变其大小,但不能添加其他图形或线条。

说明:每回答出一个答案得1分,分数越高,说明发散思维能力越强。

最强大脑

站 报 纸

发给各小组几张报纸,请各小组挑选两个同学来站报纸,要求两个同学的脚都站在这张报纸上,而两个人的身体不能接触。大家发挥各自的创造想象能力,试一下有多少两人小组能够做到。

奇怪的等式

给各小组两个奇怪的等式:4−3=5,9+4=1,请各小组的同学发挥创造想象力,找到等式成立的可能。

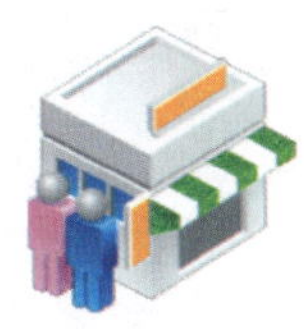

成长工作坊

山寨 or 创造

许多同学问："我们在生活中常听说'山寨'的产品，那么山寨是不是创造呢?"其实，在创新设计中进行"模仿"是很常见的，但"模仿"分成两类：一类是把"模仿"作为学习过程，是在模仿基础上的创新；还有一类是完全复制的模仿，把模仿当作结果。前者的"模仿"行为是积极的、良性的，后者的"模仿"行为只能算作"抄袭"，是侵权行为。

诺基亚 7260

天时达 A317

有一则著名的案例——中国手机外观侵权第一大案：诺基亚公司状告天时达外观侵权，天时达称至少有 8 处不同。以上是两款手机的图片，请你也帮助评判，天时达是积极的"模仿"还是"侵权"。

作为学生，能进行小发明、小创造吗?想一想，你自己在这方面都哪些优势；说一说，你还希望获得哪些帮助。

第二章

思维创新训练

思维是指理性的各种认识活动，思维的创新一般有五个特点：联想性、发散性、求异性、逆向性和综合性。在一次鼓励创新的报告会上，有一位学者画了四种不同的图形，让人们在其中选出一种与其余三种不同的图形。于是，人们便根据自己的认识各抒己见。这样，一道题得出了不同的答案。这件事足以给我们这样一个启示：世界是千变万化的，疑问是层出不穷的，答案是丰富多彩的。没有创新，答案就会笼统、单调；没有创新，世界就不会丰富多彩；没有创新，社会就不会发展进步。所以，创造力的诞生从思维创新开始。

第一节 借鉴他山之石

列宁说："自然界的统一性显示在关于各种现象领域的微分方程式的'惊人的类似'中。"康德也说："每当理智缺乏可靠论证的思路时，类比这个方法往往能指引我们前进。"

思维科学认为，联想类比是指认识主体在思考问题时，从熟悉的类似事物中发现其共同点，从而寻找出更新、更好的因素的一种思维技巧。联想类比法比较自由、灵活、多样，富有启发意义，对人们认识问题、思考问题，特别是创造性地解决问题，有着明显的积极作用。

小故事大道理

电话机的诞生

1871年，24岁美国发明家贝尔把人的耳骨薄膜与电话膜片直接类比，发明了电话机。在研究中，他发现人耳之所以能听到声音，首先是声波使小而薄的鼓膜振动，然后鼓膜再推动比较大的耳朵听骨振动，从而产生听觉。通过类比，贝尔产生灵感，他在两个圆筒底部安装薄膜，并在中央用插入硫酸的碳棒连接，这样，人说话时，薄膜振动改变电阻使电流变化，在接收处利用电磁原理将电流信号变为语音。实际上，他的发明源于联想类比。

其实，我们的祖先早就学会了用联想类比思维进行创造性活动。例如，战国时期墨子创造的"竹鹊"或"木鸢"、东汉时期张衡制造的"木雕"、三国时期诸葛亮制造的"木牛流马"、唐代工匠韩志和制造的能在100尺高空飞行400多尺的"飞鸟"等，均是联想类比鸟类或其他生物进行创造的杰出作品。

在现实生活中，一些善于思考的同学也从身边的事物中获得启发，进行了发明创造。石家庄市中学生王学青感到地球仪不如地图拿取方便，但地球仪有立体感，容易看懂，怎样才能使地球仪便于携带呢？最好是使用时成球状，不用时可压扁。王学青绞尽了脑汁，终于从儿童的充气塑料玩具那里得到了启发，他运用联想类比法制成了充气地球仪，十分方便实用。

同学们，创造无处不在，只要善于运用创造思维，我们的创造世界一定会繁花似锦。

知识小百科

联想类比创造法

联想类比创造法是通过比较某类事物两个对象的若干属性相同，从而联想到其另一属性也可能相同。这是由对一件事物的感知而创造出与它在性质上或形态上相似的事物的创造性思维活动。

我们常用到的创造方法有以下几种：

（1）因果联想　因果联想是从已掌握的知识信息与思维对象间的因果关系中获得启迪的思维形式。

（2）相似联想　相似联想是对观察到的事物与思维对象作比较，根据两个或两个以上的研究对象与设想之间的相似性创造新事物的思维方式。

（3）推理联想　推理联想是指由某一概念而引发其他相关概念，根据两者之间的逻辑关系，推导出新的创造构想的思维方式。

（4）对比联想　对比联想是将已掌握的知识与思维联系起来，从两者的相关性中加以对比后获得新知识的思维方式。

最强大脑

水泥肥料

澳大利亚甘蔗种植者在收获时发现，有一片甘蔗田亩产意外地提高了50%，到底是什么原因呢？他们回忆起这样一件事：在栽甘蔗前一个月，有一些水泥洒落在这片地里，难道这就是甘蔗高产的原因吗？他们反复试验，发现水泥中所含的硅酸钙使这片酸性土壤得到了改良，提高了产量，于是创造出了“水泥肥料”。

钢盔的故事

1941年，第二次世界大战的战火在欧洲弥漫，机枪和火炮的发明使战争更加残酷。一天，法国将军亚德里安去医院看望伤兵，一位伤兵向他讲述了自己受伤的经过。原来，德国炮击时，他正在厨房值班，炮弹劈头盖脸地打来，他急中生智，把铁锅举起来扣在头上。许多战友在他身边倒下，而他只受了点轻伤。亚德里安由此联想到，如果战场上人人都有一顶铁帽子，不就可以减少伤亡了吗？于是，法军开始研制第一代钢盔，并在当年装备部队。

香蕉皮的启发

有人分析了香蕉皮使人滑倒的原理，发现香蕉皮由几百个薄层构成，层与层之间可相对滑动，由此找到与香蕉皮有类似结构的二硫化钼，它具有良好的耐热性，为机械转动、滑动的润滑开创了一个新天地。

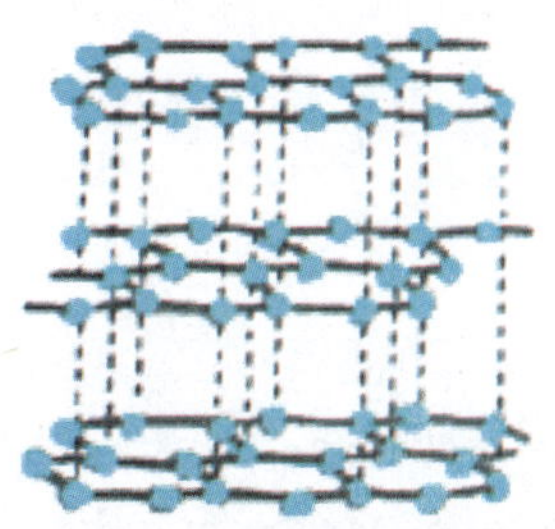

石墨与金刚石

18世纪，拉瓦把金刚石烧成了二氧化碳，证明了金刚石的成分是碳。1799年，摩尔沃成功地把金刚石转化成石墨。金刚石既然能够转变成石墨，用联想类比的方法考虑，反过来，石墨能不能转变成金刚石呢？后来，经过反复实验，有人终于用石墨制成了金刚石。

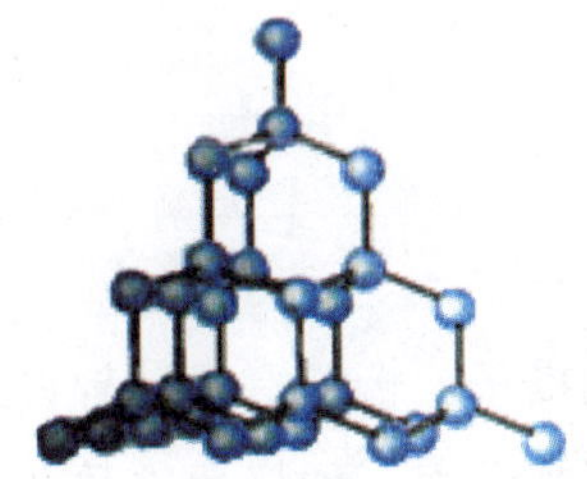

成长工作坊

看一看

仓鼠别墅

一个同学喜欢养宠物仓鼠，于是他买了一个鼠笼，养了两只仓鼠。可是仓鼠的繁育能力极强，不到两个月，便生了四只仓鼠。小笼子放不下仓鼠了，买两三个笼子放在一起又不好看。这位同学在一天出门游玩的时候看到乡间别墅非常豪华，空间大，于是就联想到仓鼠笼。何不为仓鼠建一个别墅呢，既解决了居住面积问题，又漂亮大方。于是，他回家后，就用铁丝和废弃的玩具设计了一款仓鼠别墅。

联想类比创造法其实并不难，同学们要多留心日常生活，多观摩他人的技术，从模仿开始，充分发挥想象力，就会有大师级的创意新产品出现。

想一想

“伟格罗”是一种不生锈、重量轻、可以洗的尼龙扣，可广泛用于衣服、窗帘、椅套、医疗器材、飞机及汽车上，太空人还借此把食品“挂”在墙上，或使他们的靴子能附着在地板上。启发这一奇妙创造的原型是：1948 年的某天，瑞士发明家乔治 · 德梅斯特拉尔带着他的狗去打猎时，人和狗身上粘上了牛蒡子上的刺果。

刺果和尼龙扣之间有哪些属性相同？你能至少列举出三项吗？

做一做

一家厂商决定投资生产新型的椅子，他们在设计部开了一个会议，设计师们利用联想思维提出新产品创意，以下是一些联想结果。你能用这种创造思维方法设计出更多种类的椅子吗？请动手设计并画出草图。

联想对象	属性/特征	联想结果	功能/说明
电水壶	电加热	电热椅	冬季使用暖和
	盛水	水椅	凉爽/按摩
弹簧秤	测量	测量椅	用于保健检查
	能伸能缩	调高椅	适合不同身高
气球	充气	充气凳	外出便携

第二节　学会庖丁解牛

> 所谓创造，就是掌握呈现在自己眼前的事物属性，并把它转换到其他事物上。
>
> ——克劳福特

列举分解法是在美国内布拉斯加大学教授克劳福特创造的属性列举法的基础上形成的，是具体运用发散性思维来克服思维定势的一种创造技法。这种创造方法是按某种规律列举出创造对象的要素，再对其分别加以分析研究，寻求创造的落脚点。这是一种最基本的创造技法，应用广泛，常用于简单设想的形成与发明目标的确定。它的思维要点是将研究对象的特点、缺点及希望点一一罗列出来，提出创造性的改进设想。根据列举对象的不同，列举分解法可以分成属性列举法、缺点列举法、希望点列举法、成对列举法。

小故事大道理

美津浓公司的“减振球拍”

美津浓有限公司原身是日本的一家规模较小的生产体育用品的工厂，为了拓展

产品销售市场，公司组织人员进行了市场调查。他们发现，最让网球初学者头疼的就是打不到球，即便打到球，也是一个“触框球”。于是，研发人员发明制作一种比标准网球拍框大30%的网球拍供初学者使用。后来，公司研发人员又了解到初学者打网球时，手腕容易患一种称为“网球腕”的皮炎，这是腕力弱的人打球时因承受强烈的腕振而造成的。于是，公司寻找制做球拍的新材料，以增强球拍的抗振动性。后来，他们用发泡聚氨酯作材料，制成了著名的“减振球拍”，此产品畅销国际市场。

其实，每一件事物都是从另一件事物产生的，一般创造物都是从已有的事物中加以改造得到的。所谓属性就是事物所具有的固有的特性，事物的每一个属性都可能被分开加以增加或改变。但是创新不一定是全新的东西，包装旧东西叫创新；旧的东西以新的切入点改造叫创新；总量不变，改变结构也叫创新；结构不变，改变总量还叫创新。所以，列举事物的各种不同的特征或属性，明确改善方向，就是列举分解创造法。

知识小百科

列举分解法

一般创造都是对旧物改造的结果，所改造的主要方面是事物的特性。列举分解法就是通过对需要革新改进的对象进行观察、仔细分析，尽数列举该事物的各种不同的特征或属性，然后确定应加以改善的方向及实施方法。要解决的问题越小、越简单，列举分解法就越容易获得成功。列举分解法适用于革新或发明具体事物，特别适用于轻工业产品的改革。

最强大脑

一、属性列举法

将对象的属性全部写出来，犹如把一架机器分解成一个个零件，将每个零件的功能如何、特性怎样、与整体的关系如何都列举出来，并列成表。

1. 操作步骤

1）确定研究对象。

2）了解研究对象的现状，熟悉它的基本结构、工作原理和使用特点，用分析、分解和分类的方法对研究对象进行结构分解。

3）从需要出发，对列出的属性进行分析、抽象。与其他物品对比，通过提问的方式诱发新思维，采用替代的方法对事物的原属性进行改造。

4）应用综合的方法将原属性与新属性进行综合，寻找功能与属性的替代与更新完善，提出新设想。

2. 操作实例

以螺钉旋具为研究对象，利用属性分析法拓展创造思维(以名词属性为例)。

名词属性	属性特征	改善的方法	图　　例
手把	舒适度要好	在手柄表面包覆橡胶层，使得抓握更加舒适	
	着力度好	将手柄加工成模拟手指握住东西的造型	
	减少滑动	使用更软、更耐用的化学材料——热塑性弹性体	
	色彩更鲜艳	采用色彩丰富的塑料材料，避免单调	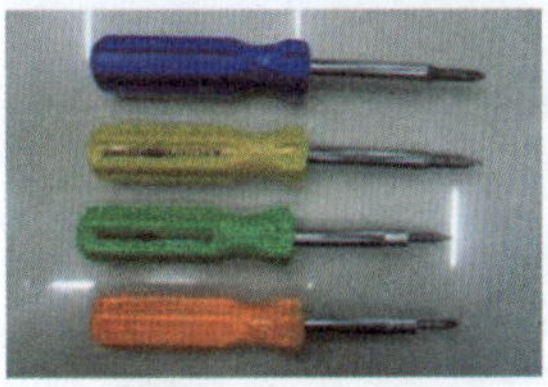
刀型	适合组装	一柄多头，可替换刀头式的螺钉旋具组合套装	
刀头	易于管理	将刀头装在成排的橡胶保护套中，柔软的橡胶保护套卷曲起来之后可以当作螺钉旋具的刀把使用	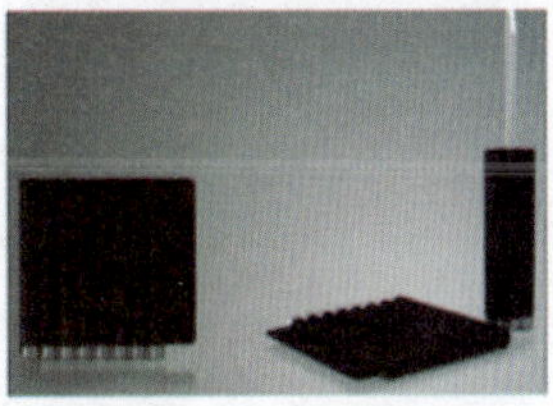

二、缺点列举法

缺点列举法是抓住事物的缺点进行分解，以确定创新目的的创造方法。此法与属性列举法相比，有其独到之处：属性列举法列出的属性很多，逐个分析需要花很多时间；缺点列举法的特点是直接从社会需要的功能、审美、经济等角度出发，研究对象的缺陷，提出改进方案，简便易行。

1. 操作步骤

（1）列缺点　尽量一一列举事物的缺点，需要时可事先广泛调查研究征集意见；研究主体越小越好，如果主体太大，可以把它分解开。如按照主体的功能、结构、形状、工艺、材料、经济性、美观性等方面进行分析，缺点越多越好，要挑出主要缺点。

（2）定方案　根据原因找到解决的办法，应针对所列缺点逐条分析，将原因、解决办法和新方案等列成简明的表格，最终选择最佳或最适合的方案。

2. 操作实例

旋转调味盒

传统调味盒	缺　　点	改善的方法	作 品 图 例
结构	1. 多为独立瓶，一种调味品放一瓶，占据较多厨房空间 2. 瓶口开合不便	调味盒的整体设计，独立盒组合，可旋转360°	
材料	1. 多为瓷瓶或塑料瓶，存在微量元素超标等安全隐患 2. 无刻度标识，不易计量	1. 采用进口透明 ABS 材料，方便看到里面盛放的调料 2. 容量适中，适合存放盐、糖、生粉、味精等调味料以及各种香料，并防尘防虫	
美观性	色彩单调，美观度不够	采用色彩丰富的塑料材料，避免单调	
功能	操作不便，用不同调料时，得双手操作，分别打开瓶盖	在煮食的时候可单手操作，向左或者向右挪开便可	

三、希望点列举法

“希望”人人都有，“希望点”是指创造性强且科学、可行的希望。希望点列举法是通过提出的种种希望，经过归纳，确定发明目标的创造方法。它根据发明者的意愿提出各种新设想，不受原有物品的束缚，是一种积极主动的创造方法。

1. 操作步骤

1）定项目，激发和收集人们的希望。

2）列出希望点。

3）以希望点为依据，创造新产品。

微型洗烘机

日本有个洗衣机厂老板通过座谈会发动妇女提希望、要求。有个妇女说，如果要单洗一件背心或内裤、手帕等“小东西”，也放进洗衣机里洗，似乎有些“大材小用”，最好有一种微型洗衣机，专洗这些“小东西”，最好能快洗快干，而且体积要小，到处都能放。于是，设计人员按照她的意愿开发了专洗内衣、内裤、手帕等小物件，烘干又快的微型洗烘机。这种洗烘机受到了妇女们的青睐。

2. 操作实例

电风扇的创新设计

序　号	希　望　点	创 新 结 果
1	希望角度不仅仅限制在一定的范围内	摆头电风扇
2	希望不摆头部就能得到不同的风向	转页式电风扇
3	希望风吹的范围更大	吊扇
4	希望电风扇能像扇子一样随身携带	帽沿电风扇、微型电风扇
5	希望更能关注健康的电风扇	带负离子功能的电风扇
6	希望停电时也能享用的电风扇	带蓄电池功能的电风扇
7	希望结合空调和电风扇的优点	空调扇
……	……	……

四、成对列举法

成对列举法是把任意选择的两个事项结合起来，成对列举其特征，或者把某一范围内的事物一一列举出来，依次成对组合，从中寻求创新设想。此法既利用了特性列举法务求全面的特点，又易于破除框框、产生奇想，因而更能启发思路。

1. 遵循的规则

1）必须十分明确所要解决的问题，这样可以确定所列举事物的类别。

2）要把所列事物、因素的所有组合都加以研究，即使是一些初看起来莫名其妙的组合也不要轻易舍弃。

2. 操作步骤

（1）第一种方式

1）列举：把某一范围内所能想到的所有事项依次列举出来。

2）强迫联想，任意地选择其中两项依次组合起来，想象这种组合的意义。

3）对所有的组合做分析筛选。

（2）第二种方式

1）将两个不同事物的属性或子因素一一列出，其中一个事物为发明物，另一个事物是参照物。例如：

甲事物的要素或属性　甲1　甲2　甲3　甲4　甲5

乙事物的要素或属性　乙1　乙2　乙3　乙4　乙5

2）考虑甲事物的属性甲1能否与乙事物的每个属性配对组合，再考虑甲事物的属性甲2能否与乙事物的每个属性配对组合……。

3）在所有可能组合的方案中进行评选。

3. 操作实例

新式多功能家具的设计

（1）第一种方式

1）列举各种办公室用具。桌子、椅子、书架、台灯、计算机、沙发、柜子、电视、花盆、音响……

2）两两配对组合。例如，桌子与台灯、桌子和计算机、桌子和柜子、桌子与电视、桌子与花盆、桌子与音响等；还可以继续配对，如书架与台灯、书架与计算机、书架与柜子、书架与电视、书架与音响等。最后对所有方案进行分析，发现许多方案均可发明出新式办公家具，分析这些设想中的组合能否构成可行的方案。如选取书架与椅子组合做进一步构思，在书架中镶嵌进椅子，既可以坐人，又可以放书，椅子可做成沙发式，色彩对比鲜明，可用于室内装饰。

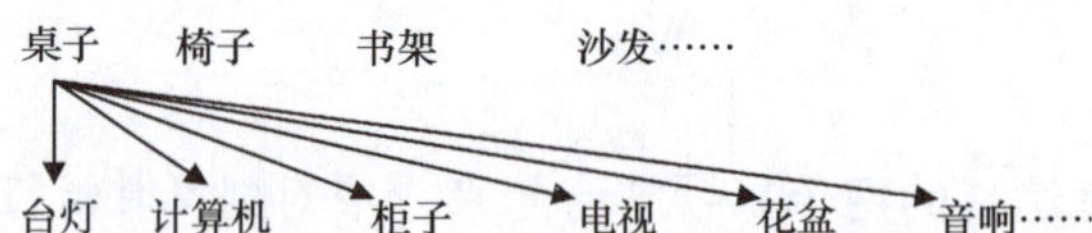

（2）第二种方式　例如，要设计一种形态悦人的家具，可以利用拟人化思维。一事物为人体各部位的形状，所属的子因素为：①手的形状；②嘴的形状；③耳朵的形状；④头的形状；⑤眼球的形状……另一事物为家具，所属的子因素为：①床；②椅子；③花盆架；④桌子……按图示的形式将两事物的所有因素列出，然后进行组合。

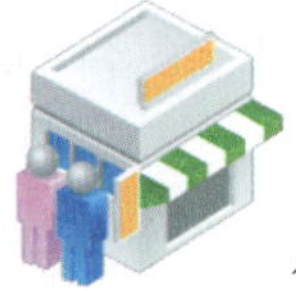

成长工作坊

看一看

我们经常会看到有人喜欢把头埋到水龙头下面去喝水刷牙，这样做非常不方便，还有可能被水龙头碰到头部。有个设计师于是设计了一种水龙头：水流可以向下流也可以向上流，只需要按下水槽边的一个按钮就可轻松切换水流模式，并且还可以实现温水和热水的控制。

要掌握列举分解法，首先要学会观察。可以在超市或商店，面对一个你感兴趣的物品进行长时间的观察分析，看它的结构、外观形状、作用、功能，先找出它的特点，然后找出它

的不足或缺点。

想一想

求奇、求新、求美、求全、求便利是社会消费的趋势和特点，也是“希望”的着眼点。用希望点列举法进行发明创造的典型做法是：召开希望点列举会，以5~10人参加为宜，主持人发动与会者围绕主题列出希望点；会后，再对各种希望进行分析整理，从中选出若干项进行专题研究，并制订出具体的创新方案。

现召开一个希望点列举会，请你说明希望下列物品将来成为什么模样，并试着就一两个希望点进行专题研究，最后制订出具体的创新方案。

钢笔　衣服　手机　照相机　汽车　糖果　计算机　快餐

做一做

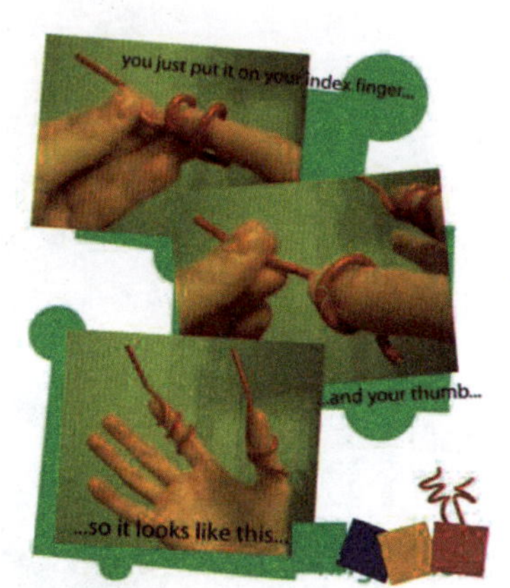

下面这幅图中的手筷是为那些不会用筷子的外国人准备吃中国菜的最好餐具。把它们简单地弯在食指和拇指上，就变成了一副方便的筷子，绝对经济实用。请你分析一下，这项发明是运用什么创新思维方法设计的。

在生活中，一些小学生写字时的握笔姿势总是不正确，你能设计一种铅笔，让学生自动调整握笔位置吗？

第三节 也得反弹琵琶

> 你所发现的东西离传统理论越远，就与诺贝尔奖越近。
>
> ——居里夫人

第二次世界大战期间，美国生产军舰的任务十分繁重。过去都是从下向上建造舰船的各层

甲板，焊接工人需要仰头工作，建造速度慢。有人运用“颠倒”设想，从顺序上倒过来，自上而下加工甲板，一改仰头焊接生产率低的现状，使军舰的生产速度得到了显著提高。电动机和发电机；风力发电和电风扇；磁能与电能转换；保温瓶用于冷藏；风车变成螺旋桨；动物园的动物囚于笼中，而野生动物保护区让参观的人躲在车内；厨师切菜是刀动菜不动；车床切削是工件旋转而刀具不动……这不都是颠倒过来创造吗？这种创造方法就是逆向反求创造法。

小故事大道理

司马光砸缸

有一次，司马光和小伙伴们在后院玩，捉迷藏。院子里有一口大水缸，有个小孩爬到缸沿上玩，一不小心掉到了缸里。缸大水深，眼看那孩子就要没命了。别的孩子一见出了事，吓得边哭边喊，跑到外面向大人求救。司马光急中生智，从地上捡起一块大石头，使劲向水缸砸去，“砰!”水缸破了，缸里的水流了出来，掉进水缸的小孩得救了。

司马光砸缸是逆向思维的范例。有孩子落水，常规的思维模式是“救人离水”，而司马光面对紧急险情，运用逆向思维，果断地用石头把缸砸破“让水离人”，救了小伙伴的性命。逆向是与正向比较而言的，正向是指常规的、公认的或习惯的想法与做法，逆向则恰恰相反，是对传统习惯、常识的反叛，是对常规的挑战，它能克服思维定势，破除经验和习惯造成的僵化模式，它会使人感觉新颖，喜出望外，别有所得。实际上，这种逆向反求创造法也就是人们常说的“倒过来想”。用逆向思维进行创造性活动，往往可以是从“出奇”出发，而达到“制胜”的目的。

知识小百科

逆向反求创造法

逆向反求创造法是一种利用逆向思维的方式进行创新的方法，通俗地讲就是“反过来想一想”。

1. 普遍性

由于对立统一规律是普遍适用的，有一种正向思维，相应地就有一种逆向思维。

2. 批判性

逆向与正向是比较而言的，正向是指常规的、常识的、公认的或习惯的想法与做法；逆向思维则恰恰相反，是反传统、反惯例、反常识的思维方式。

3. 新颖性

任何事物都具有多方面的属性。由于受过去经验的影响，人们容易看到熟悉的一面，而对另一面却视而不见。逆向思维能克服这一障碍，得到出人意料的答案，给人以耳目一新的感觉。

常用的逆向反求创造法有以下几种：方位逆向法、因果逆向法、属性逆向法、心理逆向法。

最强大脑

一、方位逆向法

1. 操作原理

方位逆向法就是双方完全交换，使对方处于己方原先位置的换位。它不仅仅是指物理空间，更是指一种对立抽象的本质。常见的对立面有：入—出、进—退、上—下、前—后、头—尾等。

2. 操作实例

图中的鞋不是拖鞋，不是滚轴溜冰鞋，也不是滚轴溜冰拖鞋，而是用来在地毯上滑行的 Fun Slide 滑毯鞋。它的鞋底是光滑的塑料，鞋头的沟槽能提供额外的抓地力帮助加速，据称在长毛和短毛地毯上都能滑行自如。它在木地板上同样能滑行，只要不怕刮花地板。这项发明就是利用了方位逆向法，本来为了防滑，鞋都是有齿的，而滑毯鞋却变进为退，将伸出的齿收了回去，于是减少了摩擦力，成为极具趣味的运动器材。

二、因果逆向法

1. 操作原理

因果逆向法是指从已有事物的因果关系中，变因为果去发现新的现象和规律，寻找解决问题新途径的思维方法。

2. 操作实例

在电的发明史上，从奥斯特的电能转化为磁能到法拉第的磁能转化为电能，它们之间就有着因果逆向思维的联系。再如，从爱迪生发明的送话器听筒音膜有规律的振动到他发明留声机。近代的无线电广播的播放与接收，录像机的发明与摄像机的发明，都属于因果逆向思维的成果。

三、属性逆向法

1. 操作原理

事物的属性往往是多向位的，即使是同一件事情，如果从不同的角度观察，其性质也可以是多方面的，并且是可以相互转化的。例如：好—坏、大—小、强—弱、有—无、动—静、多—寡、冷—热、快—慢、增—减、生—死、出—入、始—末、水—火等。

2. 操作实例

彼德·诺顿是一个运用逆向思维走向成功的人，他曾经以 3 亿美元的价格出售了他的计算机软件。这是一套被称为“恢复删除”的软件，他把逆向思维运用于其中，目的是恢复被意外删除的计算机文件。不小心删除了文件是计算机用户的噩梦，恢复被删除的文件是许多人的“妄想”，但只有诺顿朝前跨出了一步，把看似荒谬的妄想变成了现实。在诺顿的思考里，进与退、出与入、有与无，可以在更高的层次上获得新的统一和转化。

四、心理逆向法

1. 操作原理

在解决问题时，以悖逆常规的心理状态来决策处事，发明创造。

2. 操作实例

横着看的网站你没见过吧？一群大学生创业团队创作出一个横着看的网站——横看网，与其他网站竖着看的阅读模式不同，横看网的所有页面拒绝上下拉动，网页内的内容只能横着拉动才能浏览。

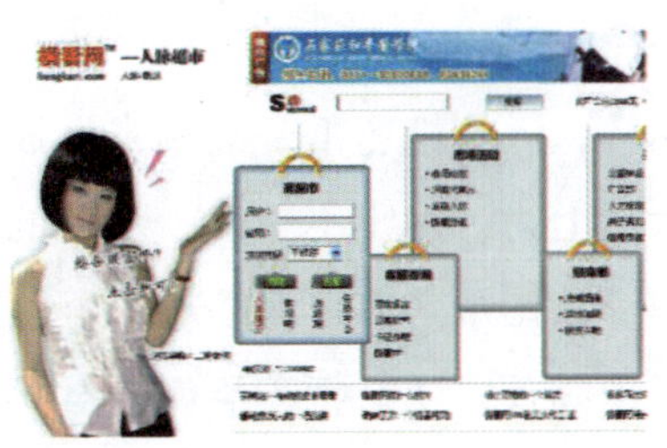

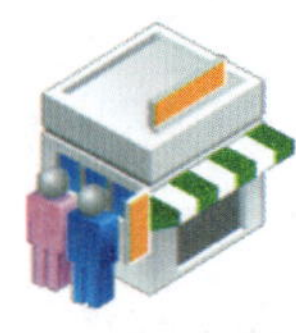

成长工作坊

下面来设计一款新式闹钟，要求运用逆向反求创造法，应该怎样操作呢？

1）列举闹钟在生活中的功能，如早上提醒、计时、陈设美观……在闹钟众多的功能中，早上提醒的功能无疑是最主要的。

2）通过逆向思维发现，闹钟在这一逻辑过程中起到的是“刺激”的作用，进而可以引申到对人接受刺激方式的探讨，最终得出依赖于人所接受的刺激方式(触觉、听觉、视觉等)。

3）结合闹钟的功能进行设计。

	设计案例	设计说明
强振动闹钟		通过声音的刺激，促使产生知觉，为阻止声音的持续刺激，需要使用者发出力量迫使声音消失，手随即产生的痛感转移了“睡眠”的注意力
红外线控制闹钟		通过声音的刺激促使产生知觉，睡眠者要利用远程控制红外线来结束声音的持续刺激，完成“瞄准”这一过程便迫使大脑清醒，从而驱赶睡意
从这开始思考……	……	……

想一想

在农村，人们把匏瓜一剖两半做成水瓢，用来舀水。但是这种水瓢有一个缺点，就是把它放到水面上时，由于不平衡，水瓢的把手会浸在水中，也会把把手上粘着的脏东西带入水中，污染了饮用水。有什么简单的办法能使水瓢把手不浸在水中呢？

根据逆向反求法，把不平衡变成平衡，你能创造一个把手不浸入水的水瓢吗？

做一做

为了获得更多的清凉，人们通常都会在夏天铺上一层凉席，再在房间里打开空调或风扇。有人设计了这样一款凉席，它内置有“空调”。这款产品通过在凉席尾部安装一个抽风机，使空气通过凉席头部的进风口进入，使得整个凉席不断地获得循环空气，从而保持凉席的进一步清爽。

运用入—出、进—退、上—下、前—后、头—尾等方位逆向法，你还能设计出怎样的新式凉席？请画出草图。

第四节 尝试多向思维

提出一个问题往往比解决一个问题更重要，因为解决一个问题也许只是一个数字上或实验上的技能而已。而提出新的问题、新的可能性，从新的角度去看旧的问题，却需要创造性想象力，而且标志着科学的真正进步。

——爱因斯坦

夜光粉是一种用量少、用途不大的发光材料，多用于钟表和仪表。现在有人提出，它能有更大的用途吗？这个设问引导人们研制出夜光纸，将其裁剪成任何形状贴在夜间黑暗的环境中，指示开关位置所在，既方便，又安全；还可贴在火柴盒上、煤油灯座上、山区公路转弯处、楼梯扶手处等。这种发明技法称为设问检核创造法。

小故事大道理

巧妙的“借用”

最早提出拉链设想的是美国发明家贾德森，这个发明于 1905 年获得第 5 号专利。他的本意是替代鞋带，可是仅作为系鞋子用的拉链并不畅销，是个赔本的生意。一天，有位服装店老板意外看中了拉链，他认为拉链应该有更多的用途，于

是，他先在钱包上安上拉链，使钱包身价倍增；又用之于海军服装，销路很好。如今，拉链已经进入了千家万户，而且还在向更多领域扩散。

20世纪80年代有个相声，说的是马大哈医生开刀总是把器械忘在病人肚子里，讽刺他得在病人的肚子上装个拉链，以便随时取遗忘在肚里的东西。但这个笑话而今已成为产品扩展的一个创举。1989年1月11日，安徽省立医院外科主任医师李乃刚和徐斌，成功地在胰腺手术病人手术切口处装上拉链。治疗急性坏死性胰腺炎时，病人在手术后半月到一月内还得将手术切口敞开，以便随时清洗不断产生的坏死组织和腹腔渗出液，观察病情发展，这样不仅病人很痛苦，且容易感染，手术成功率低，而装上拉链后则效果很好，手术成功率大大提高。

其实，这些发明创造就是运用了设问检核创造法中的一个方法。即分析现有的事物(包括材料、方法、原理等)还有没有其他的用途，或者稍加改造就可以扩大它们的用途。

知识小百科

设问检核创造法

设问检核创造法的特点是抓住事物带普遍意义的方面进行提问，所以它的应用范围很广，不仅可以用于技术上的产品开发，还可用于改善管理等范畴。它适用于各种类型与场合的创造活动，能够帮助人们突破思维与心理上的障碍，从多方面、多角度引导创新思路，从而产生大量的创造性设想。发明、创造、创新的关键是能够发现问题，提出问题。设问法就是对任何事物都多问几个为什么，这种创造法主要有创意检核法、十二个聪明办法。

最强大脑

一、创意检核法

创意检核法是现代创造学的奠基人奥斯本创立的一种创造技法，几乎适用于一切领域的创造活动，被誉为创造技法之母。该方法主要利用多向思维原理。

1. 基本原理

美国创造工程研究所从奥斯本的《发挥创造力》一书中选择出76个激励思维的思考角度，分成9个方面，编出《新创意检核用表》，提示人们进行创造性设想。

9个方面的提问见下表。

序　号	检核类别	检核内容
1	能否他用	有无新的用途？是否有新的使用方式？可否改变现有的使用方式
2	能否借用	有无类似的东西？利用类比能否产生新观念？过去有无类似的问题？可否模仿？能否超过
3	能否扩大	可否增加些什么？可否附加些什么？可否增加使用时间？可否增加频率、尺寸、强度？可否提高性能？可否增加新成分？可否加倍？可否扩大若干倍？可否放大？可否夸大
4	能否缩小	可否减少些什么？可否密集、压缩、浓缩、聚束？可否微型化？可否缩短、变窄、去掉、分割、减轻？可否变成流线型
5	能否改变	可否改变功能、颜色、形状、运动、气味、音响、外形、外观？是否还有其他改变的可能性
6	能否代用	可否代替？用什么代替？有何别的排列、成分、材料、过程、能源、音响、颜色、照明
7	能否调整	可否变换？有无互换的成分？可否变换模式、布置顺序、操作工序、因果关系、速度或频率、工作规范
8	能否颠倒	可否颠倒？可否颠倒正负、正反、头尾、上下、位置、作用
9	能否组合	可否重新组合？可否尝试混合、合成、配合、协调、配套？可否把物体组合、目的组合、特性组合、观念组合

奥斯本检核表共有9类76个问题，它的实质就是从9个方面的76个角度，启发人们提出问题和思考问题，使思路沿着正向、侧向、逆向及合向发散开来。因此，它的侧重点是提出思考问题的角度而不是步骤，它的核心是启发和发挥联想的力量。

2. 操作步骤

1）按检核表的内容逐一检核。

2）列出全部可能的方案。

3）选择有价值的实施方案。

4）验证设计方案。

3. 操作实例

电风扇的检核

序　　号	检 核 类 别	创造性设想
1	能否他用	1. 湿气干燥装置；2. 吸气除尘装置；3. 风洞试验装置
2	能否借用	1. 仿古电风扇；2. 借用压电陶瓷制成的无翼电风扇
3	能否扩大	1. 可吹出冷风的电风扇；2. 可吹出热风的电风扇；3. 驱蚊电风扇
4	能否缩小	1. 微型吊扇；2. 直流电微型电风扇；3. 太阳能微型电风扇
5	能否改变	1. 方形电风扇；2. 立柱形电风扇；3. 其他外形奇异的电风扇
6	能否代用	1. 玻璃纤维风叶的电风扇；2. 遥控电风扇；3. 定时电风扇；4. 声控或光控电风扇
7	能否调整	1. 模拟自然风的电风扇；2. 保健电风扇
8	能否颠倒	1. 利用转栅改变送风方向的电风扇；2. 全方位风向的电风扇
9	能否组合	1. 带灯电风扇；2. 带负离子发生器的电风扇；3. 对转风叶的电风扇

二、十二个聪明办法

我国的创造学专家根据奥斯本检核表，通过实践和研究，总结出一套具有中国特色的检核表，即十二个聪明的办法。

（一）加一加

1. 基本原理

把一件物品加大一点，加长一点，加高一点，或者把功能增多一点，使物品在形态上、功能上、尺寸上有所变化，有利于使用。

2. 操作实例

把印刷铅字加大一点，成为大号字，便于老年人阅览。

把雨伞加大一点，成为海滨游泳场的晴雨两用伞。

铅笔和橡皮原来是分开的两件东西，加一加，发明了橡皮头铅笔。

帽子和衣服加在一起，有了带帽子的风雪大衣。

X 射线照相装置同电子计算机加在一起，成为 CT 扫描仪，对诊断脑内疾病和体内癌变等具有特殊效能。

滑杆+椅子，组合成滑动的公共座椅。

（二）减一减

1. 基本原理

把一件物品减小一点，减轻一点，减低一点，使它的形态、功能发生变化。

2. 操作案例

电子管改成集成块，体积缩小了。

钢铁架帆布帐篷改为充气塑料帐篷，重量大大减轻了。

近视眼患者带上眼镜很不方便，发明微型隐形镜片，装在眼睛内，更方便了。

（三）扩一扩

1. 基本原理

把一个物品放宽一点，扩大一点，使它的功能产生明显的变化。

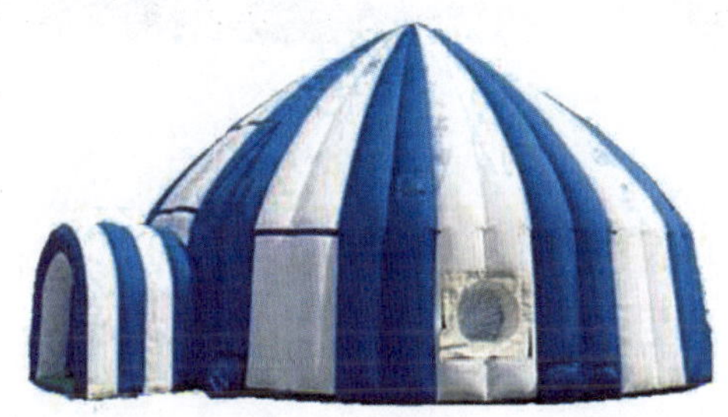

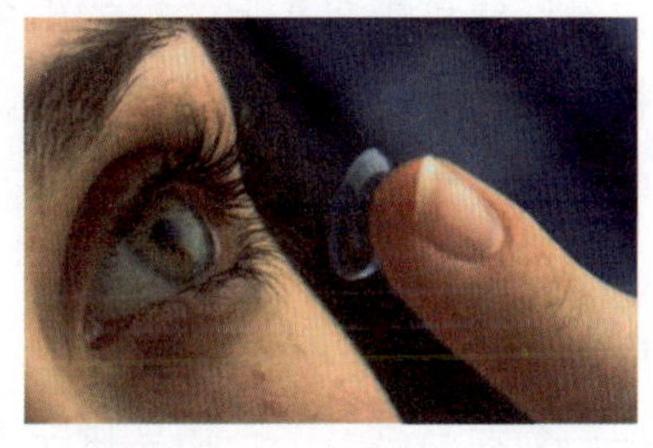

2. 操作案例

放大镜、显微镜、宽银幕电影、投影电视，都是运用扩一扩的技法。

上珠算课，教师向全班同学演示怎样拨珠运算，制作一个大算盘，挂在黑板上，全班同学都能看得清清楚楚。

（四）缩一缩

1. 基本原理

使一个物品的体积缩小一点，缩短一点，为其使用带来方便，或者改变它的功能。

2. 操作案例

一位医师设想了利用气球作为疏通血管的工具。把气球缩得很小（直径只有几毫米），把它系在一个特制导管的一端插入病人的动脉血管，当它探到被脂肪阻塞的地方时，就给小气球充气，小气球膨胀后，就挤压清除了沉积在那里的脂肪，使血液能够正常地流动。

（五）变一变

1. 基本原理

改变物品的形状、尺寸、颜色、味道、音响等，给人以新的感觉，使物品更有使用价值，更受消费者欢迎。

2. 操作案例

服装的面料、款式、颜色、图案的变化。

圆形铅笔变为六角形、扁圆形，不易滑手，不易从桌上滚下。圆珠笔从单色变为双色、三色等。

（六）改一改

1. 基本原理

改进物品原来的形状、性能、结构，使之出现新的形态、功能。

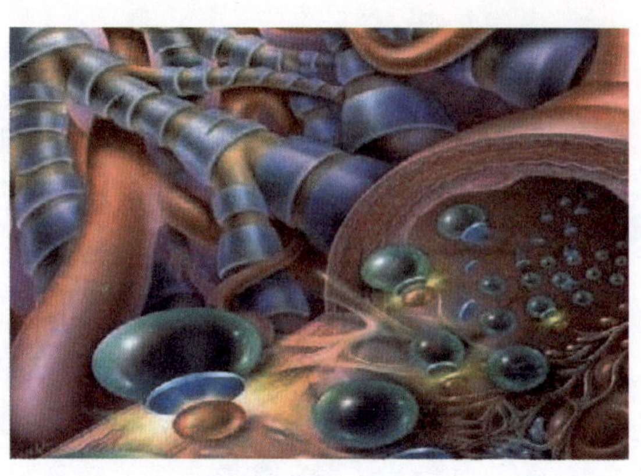

2. 操作案例

对雨伞的改进：为了防止拿错，增加伞布的颜色和图案；为了防止伞布遮住视线，改用透明的塑料做伞布；为了撑伞时拿东西方便，设计成可戴在头上的帽式雨伞。

将拨环式电话机改为按键式电话机。

单放机改为收音机，单卡改为双卡。

（七）拼一拼

1. 基本原理

把一个物品与另一个物品拼起来，实现一种规律到多种规律的合并，一种功能到多种功能的合并。

2. 操作案例

有的小刀把刀、指甲剪、开瓶器合并在一起。

有的组合家具，这样一拼可以坐，那样一拼可以睡，换一种摆放形式可做写字台等。

（八）学一学

1. 基本原理

通过学习、模仿别的产品的形状、结构、颜色、性能、规格、功能、动作来实现新的发明。

2. 操作案例

有一位小发明家发明了方便的淘米器。平时淘米时，倒水很麻烦，一不小心，米就会流失。这位小发明家看到米筛做得密不漏米，便做了一个半圆形的过滤网，罩在淘米桶上就不会使米流失了。

（九）代一代

1. 基本原理

代是指代用，包括材料的代用、方法的代用、商品的代用、工具的代用。

2. 操作案例

以塑料代替钢，以喷塑代替电镀，以集装代替散装。运用“代一代”可以生产出许多新的产品。

（十）搬一搬

1. 基本原理

把物品的某一部件搬动一下，产生一种新的物品。

2. 操作案例

把电视机上的拉杆天线“搬”到圆珠笔上去，发明了可伸缩的“圆珠笔教棒”。

在黑板上用三角板画图形不方便，一位同学在三角板的三个顶角各装一个小铁珠，这样，当三角板在黑板上移动时，可以减少摩擦。

（十一）反一反

1. 基本原理

把某一事物的形态、性质、功能反一反，发明出新的物品。许多新产品往往是上与下、里与外、左与右、前与后、横与竖反一反。

2. 操作案例

平时人们穿拖鞋只能朝一个方向穿进去，如果脱拖鞋时把拖鞋放倒了，那么，穿的时候又需要把拖鞋摆正才能穿。能否做到反方向也能穿呢？我国的一个设计团队设计了“两头可穿拖鞋”。这个创意的灵感来自于我国传统的阴阳太极，拖鞋的正中有道切口，两头都保持圆弧状，所以当拖鞋被放颠倒的时候，可以从任何一个口穿入。

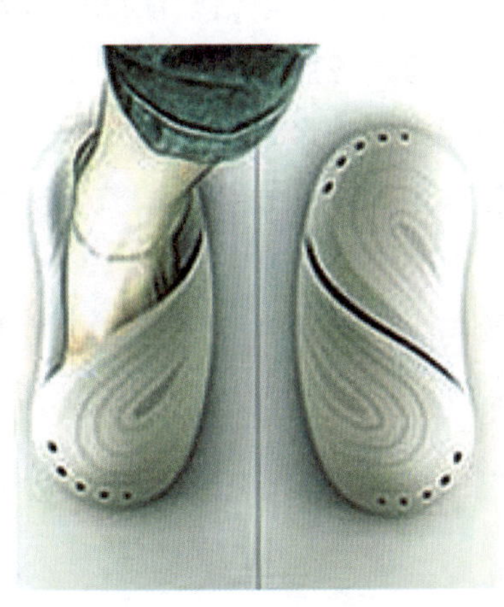

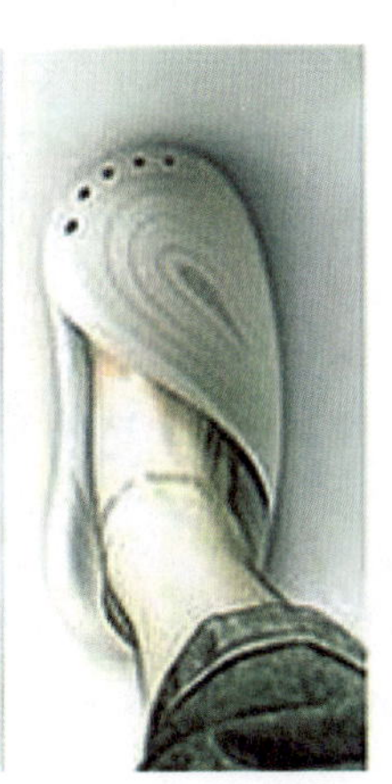

（十二）定一定

1. 基本原理

“定”指的是规定、约定。为了解决某一问题，或改进某一件东西，为了提高学习、工作效率和防止可能发生的事故或疏漏，需要做出一些规定。

2. 操作案例

医师测定病人的体温时要用温度计，温度计刻度的规定是瑞典科学家摄尔休斯的一大创举。他规定水结冰时的温度为 0 摄氏度，一个标准大气压下沸水的温度为 100 摄氏度，中间分为 100 等分，每一等分为 1 摄氏度。这就是摄氏温度计使用的“温标”，记为“℃”。

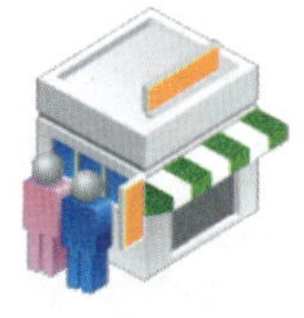

成长工作坊

看一看

图中的孩子穿了一件传统的雨衣，看上去防雨的效果并不是很好，你能运用设问检核创造法对雨衣进行改造吗?

想一想

1）以眼镜为对象，运用奥斯本检核表对其进行检核创新。

2）现在，有人使用电吹风止血，想一想，水泥、纸张等物品有何他用?

3）超声波、激光、红外辐射等技术能否借用?

4）在纯牛奶、纯铁、玻璃中增加点什么可以提高其功能或性能?

5）衣架、尺子、澡盆、电话机能缩小吗?

6）热水瓶、算盘、轮胎、自行车能改变吗?

7）汽车燃料能用其他燃料替代吗?

8）车床、刨床的加工方式可否调整? 比如：车刀的走向改为从右到左，刨刀不动工件动等。

9）大炮能否向地下发射? 除了打桩、地下探矿，还能运用在什么领域?

10）定时器、程序控制器可与什么物品组合在一起?

做一做

新式开瓶器

小明的爸爸爱喝酒，他开酒瓶时，瓶盖经常掉在地下，得弯腰去捡，有时用脚踩到还会划伤地砖。于是，小明很想发明一种开瓶器，用它开瓶时瓶盖不会掉落。小明注意到，用开瓶器打开的酒瓶盖几乎全都是铁皮做的，于是他灵机一动，在普通开瓶器的前端加装了一块小磁铁。开瓶时，虽然小磁铁不与瓶盖直接接触，但是瓶盖已经在磁场的“掌握”之中，只要被扳下来，就会马上被开瓶器吸住。

厨房中的各种瓶瓶罐罐太多，你能用“十二个聪明的办法”发明一种组合式厨房调料瓶吗？

第五节 巧妙搭配组合

> 所谓创造，就是把以前独立的发明组合起来。
>
> ——肖克莱

聚合交叉是宇宙中十分普遍的现象。从浩瀚无垠的宇宙到分子、原子，从简单的数字排列到人体结构，从庞大的国家机器到家庭等，到处都存在着聚合交叉的现象。

小故事大道理

中华民族的图腾

组合思维创造自古有之，中华民族的图腾——龙，便是著名的例子。

龙是选取鹿角、马脸、牛眼、虎嘴、虾须、蛇身、鱼鳞、鹰爪等动物之精华部分，加以组合而成的神物，经过我们祖先的不断美化和神化，终于演化成为中华民族独特的徽记。

这种以组合为特征的聚合交叉创造法离我们的生活很近，现实中人们不断将各种事物进行新的组合，开发各种多功能新产品满足社会的需要，如带橡皮的铅笔——橡皮与铅笔的组合；音乐卡片——音乐与卡片的组合；智能手机——手机与电脑、互联网、相机等的组合。其实，人人都可以对简单的物品进行组合，发明新物品。

知识小百科

聚合交叉创造法

聚合交叉创造法是按照一定的技术原理或功能目的，将现有事物的原理、方法或物品作适当的组合而产生出新技术、新方法、新产品的创新技法。这种创造法是将事物的多个特征组合在一起，所有特征相互支持、补充，共同改善、强化同一目的，必定会产生新的效果，达到“1+1>2”的效果。聚合交叉法的主要类型有主体附加法、二元坐标法、形态分析法。

最强大脑

一、主体附加法(主体+附件)

1. 基本原理

主体附加(添加)法是以某一特定的对象为主体，通过置换或插入其他技术，或者增加新的附件而创新的方法。此法常在对产品作不断完善、改进时使用。

2. 操作步骤

1) 有目的地选定一个主体。

2) 运用缺点列举法全面分析主体的缺点。

3) 运用希望点列举法对主体提出种种希望。

4) 考虑能否在不变或略变主体的前提下，通过增加附属物以克服或弥补主体的缺陷。

5) 考虑能否通过增加附属物，实现对主体寄托的希望。

6) 考虑能否利用或借助主体的某种功能，附加一种别的东西使其发挥作用。

3. 操作实例

对于厨艺不佳的人而言，由于把握不好火候，很难做出美味的食品。于是，有人按照主体附加法创造了这款带温度计的煎锅。

创造者在它的把手上配备了一个可拆卸的读数计，可以将传感器探测出的锅体温度显示出来。有了这个装置，即使是厨艺不佳的新手，也可能通过对温度的精确控制，烹制出美味的煎饼。

二、二元坐标法

1. 基本原理

平面直角坐标系由两条数轴正交组成，横轴和纵轴上的任一对实数都可以确定平面上的一个点。如果在坐标轴上标上不同的事物，那么由横轴与纵轴交叉确定的点就是两个事物的组合点，这样即可借助坐标系把所列的客观事物相互联系起来。然后对每组联系作创造性想象，从中产生前所未有的新形象、新设想。最后经可行性分析，确定成熟的技术创造。这种组合联想可以突破习惯观念，克服惰性意识，促使标新立异。

2. 操作步骤

(1) 列出联想元素　列举联想元素可以随心所欲，无任何限制条件，但联想元素最好取名词、形容词、动词等。

(2) 绘图　用联想线沟通各个元素，绘制联想图。

(3) 进行联想和判断　对每一交叉点的元素作正反两个方面的联想与判断。

(4) 从联想图中摘出有意义的联想。

(5) 对有意义的联想进行可行性分析　可行性分析须从以下四个方面考虑：

1) 有无类似的事物，若有，看它们之间有何不同(从原理、结构、性能、制造工艺、材料、用途、能源、价格、寿命、经济效益等方面进行对比)。

2) 发明革新或合理化建议在成功和被采纳后，对社会的价值和进步意义。

3) 完成发明和革新需要涉及哪些方面的知识和技术，有哪些技术关键(主要思考原理、结构和工艺)。

4) 对于产品的发明和革新，当地实现的生产条件和技术水平是否适用。

3. 集体创造时二元坐标法的实施步骤

1) 参加人员以 10 人左右为宜，大家围坐成一圈，桌上备好统一的纸张，活动过程由指定的主持人负责。

2) 各自列举联想元素，编制联想图，分析、判断和摘取有意义的联想点。

3) 依次互换联想图，用自己的认识和观点分析别人的联想图。将别人认为无意义或有疑问，而自己认为有意义的联想点直接摘取出来，但不要在别人的联想图上标记号。之后依次轮换，直到循环一圈。

4）各自独立对有意义的联想点进行可行性分析，列出可行的联想点。此时环境应安静，不要喧哗。

5）主持人收集所有的可行性联想方案。

6）由主持人逐项公布可行性联想，请原分析者(不一定是联想图的编制者)向大家说明分析理由，集体展开评议。

4. 操作实例

(1) 列出联想元素　例如，玻璃、扇、气、梯、滑行、日历、清凉、照明、瓶、手摇、管、车、纸、流动、座、三角、笔筒、杯，共 18 个联想元素。

(2) 绘图　用联想线连接所有元素，编制联想图。

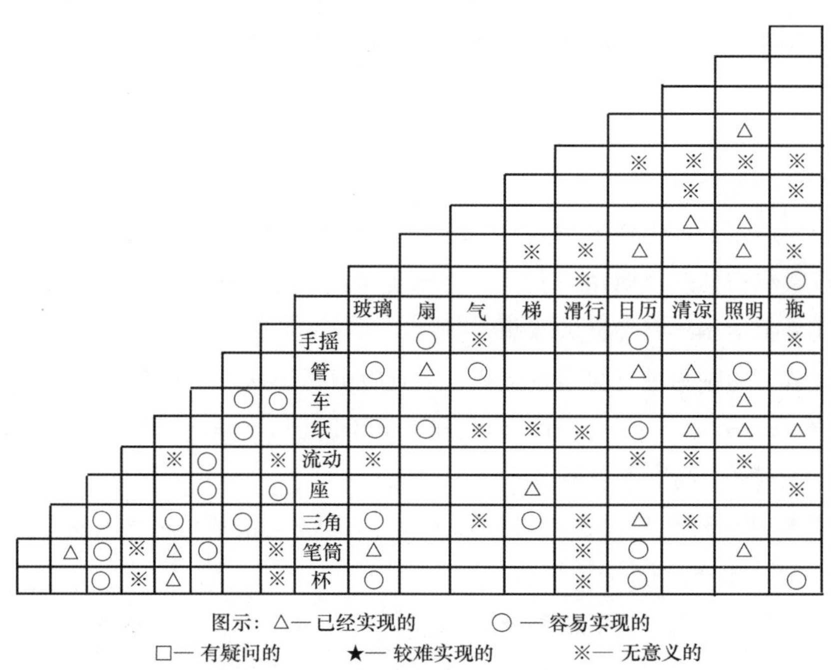

(3) 进行联想和判断　将结论按图示的标记符号，在联想线的交点处画出相应标记。联想的时候，要互换组成联想的两个元素的位置，如“车”和“手摇”，构成“手摇车”和“车手摇”的联想，“车手摇”是无意义的联想，“手摇车”是已有的发明。“梯”和“座”也是如此，“梯座”是有疑问的联想，“座梯”是有创造意义的联想。鉴于每个人的职业、经验和知识的差别，尤其是创新意识的强弱和预见能力的高低有所不同，对同一个联想点会做出不同的分析和判断。

(4) 从联想图中摘出有意义的联想　有意义的联想是照明日历(带日历的台灯或夜光日历)、日历扇、清凉扇、照明玻璃、纸笔筒(纸质彩印笔筒)、三角筒、管扇、日历管、清凉管、照明车、梯车、玻璃座、座梯、清凉纸、照明纸(能发光的纸)、纸瓶(纸质瓶)、玻璃笔筒等。

三、形态分析法

1. 基本原理

要设计一种在火车站运货的机动车，根据此车的功能要求和现有的技术条件，可以把问题分解为驱动方式、制动方式和轮子数量三个基本因素。对每个因素列出几种可能的形态，例如：驱动方式有柴油机、蓄电池；制动方式有电磁制动、脚踏制动、手控制动；轮子数量有三轮、四轮、六轮。则组合后得到的总方案数为 $2\times3\times3=18$ 种。然后筛选出可行方案或最佳方案。这也是一种创造技法，即形态分析法。

一个事物的新颖程度与相关程度成反比，事物(观念、要素)越不相关，创造性程度越高，即越容易产生新的事物。形态分析法的做法是将发明课题分解为若干相互独立的基本因素，找出实现每个因素功能所要求的可能的技术手段或形态，然后加以排列组合，得到多种解决问题的方案，最后筛选出最优方案。

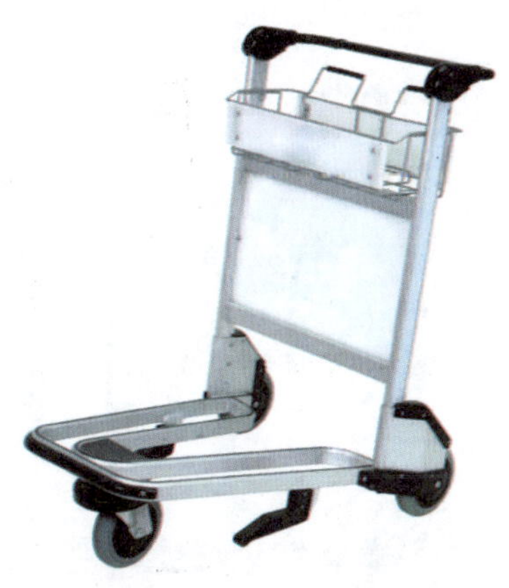

2. 操作步骤

(1) 确定发明对象　准确表述所要解决的课题，包括该课题所要达到的目的及属于何类技术系统等。

(2) 基本因素分析　确定发明对象的主要组成部分(基本因素)，并编制形态特征表。所确定的基本因素在功能上应是相对独立的，在数量上以 3 个为宜，数量太少，会使系统过大，使下步工作难度增加；数量太多，则组合时过于繁杂、很不方便。

(3) 形态分析　要揭示每一形态特征的可能变量(技术手段)，应充分发挥横向思维能力，尽可能列出本专业领域和其他专业领域的所有具有这种功能特征的各种技术手段。在形式上，为便于分析和进行下一步的组合，往往采取列矩阵表的形式，一般表格为二维，每个因素的每个具体形态用符号 Pj 表示，其中 P 代表因素，j 代表具体形态。对于较复杂的课题，也可采用多维空间模式的形态矩阵。

(4) 形态组合　根据对发明对象总体功能的要求，分别把各因素的各形态加以排列组合，以获得所有可能的组合设想。

(5) 评价、选择最合理的具体方案　选出少数较好的设想后，通过进一步具体化，最后选出最佳方案。

3. 操作案例

包装材料的设计

对液体包装材料的设计，可以提取包装材料、包装形状、包装颜色、包装大小四个独立变项，然后对每一独立变项运用扩散思维，列出可能的选择，见下表。

基本要素	各要素所具有的形态				
包装材料	玻璃	塑料	纸	铝箔	陶质
包装形状	不规则形状	方形	罐形	杯状	球状
包装颜色	透明	浅绿	浅黄	粉红	混色
包装大小	500mL	750mL	1000mL	1500mL	2000mL

如果以玻璃为包装材料，则可与包装形状、颜色、大小三个独立变项(每项有5种可能的选择)进行组合，可排出 3×5×5 = 75 种不同的组合方案。若再以 5 种不同的包装材料进行组合，就可排出 375 种组合方案。当然，这里的形态仅列了 5 项，如果再细列，包装材料塑料中还可列出锡塑、薄膜、软管、硬管等多种材料，那么，可能的组合方案就更多了。

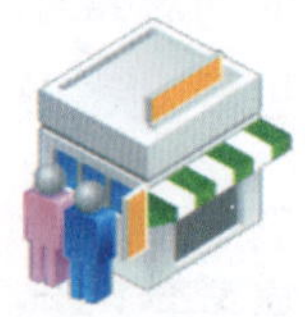

成长工作坊

看一看

下面这些事实你知道吗?

1）聚合交叉创造法是一种被广泛应用的发明创新技法，当今世界上的首创发明很少，绝大多数是各种事物的组合发明。

2）最杰出的创造者总是专心于新的聚合。要提高自己的创新能力，就要培养这样的习惯，无论看到什么，听到什么，接触到什么，都试一试它们能否聚合交叉一下，用创造的眼光审视事物的功能、意义和作用。

3）发明并不是无用聚合构成的，而是由数量极少的有用聚合构成的，但这极少的有用组合是建立在大量的无用聚合基础上的。

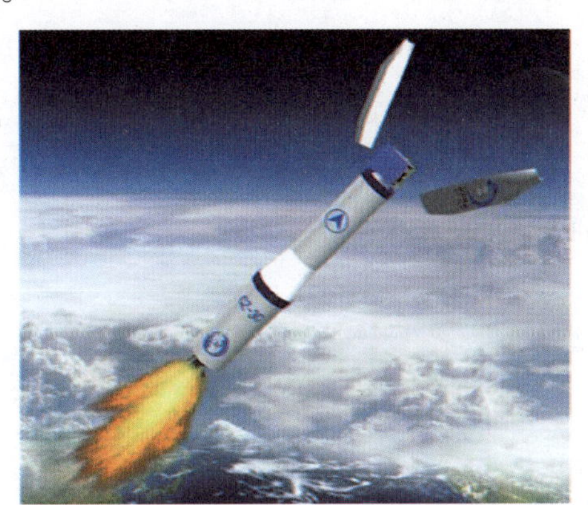

4）聚合交叉法不仅可以导致一般的发明和创新，而且可以导致重大科技发明和创新。美国科学家说过，阿波罗奔月工程没有一项技术是全新的发明，它的伟大成就在于把火箭技术、自动控制技术、遥测技术、计算机技术、生命保护技术等组合在一起。

5）事物之间的聚合交叉决不仅仅一一对应，一种事物可以寻觅无数组合对象。以圆珠笔为例，其组合对象可以是日历、针线、图章，还可以是消字器、测电笔、钢笔、钥匙环、微型收音机、温度计、电子表、驱蚊器、香料、微型毛电筒、打火机等。千差万别的事物是构造新生事物的无尽源泉，扩散思维和集中思维是组合联想的思想指南。

6）两件似乎互不关联的事物，两种互不相关的技术，两种互不相关的思维在一定的条件下有着某种内在的联系，把它们聚合起来，就能成为一种新物体、新技术、新思想。例如：CT 是常见的现代医疗诊断仪，它的全称是电子计算机控制的 X 射线，层面扫描仪是计算机技术和 X 光技术组合产生的新技术。

世界上的事物形形色色，各不相同，许多事物看起来毫不相干，然而正是这种“毫无关系”成为人们探索创新的无限天地，使原来无关的事物联系起来，让它们在大脑中“相碰”，从而迸发出创新的火花，结出创新的硕果。

想一想

1. 对书包、钢笔、铅笔、毛笔、小刀、橡皮、书桌、尺子、作业本、读、写 11 个有关学习的事物或概念进行二元坐标法分析，看看会有什么发现，并分析其中的意义。

2. 有 24 种事物或概念：手摇车、钢笔、汽车、教室、办公室、锁、床、病室、手表、雨伞、鞋、衣服、新鲜空气、芳香、日光、会说话、飞行、游泳、催泪弹、电话、电视、遥控、太阳能、日历。试用二元坐标联想法组合分析，看看会有哪些值得研究的创造课题？

做一做

公园小游船的设计

1）明确问题：为公园游人设计新颖别致的小游船。

2）分解独立要素：对于游船来说，可分解成三个独立的要素，即船的外形、推进的动力、所用材料。

3）找出每一独立要素的解决形态，如要素“材料”可以具体选用木材、钢材、塑料、水泥、橡皮等。

4）列出形态分析表，按行列进行组合，看有多少种方式。

第六节 掀起头脑风暴

> 经验证明，要让团队里的每个人准备好一起努力，开始一个头脑风暴会议，最有效方法就是让团队当中的每个人都参与某种类型的创意，进行非常有趣的练习或活动，从而打破沉默，让他们的大脑准备好开始产生创造性的点子。
>
> ——(美)杰森 · R. 瑞奇

群体激智创造法有个很激情的名字，叫“头脑风暴”。1939 年，美国纽约 BBDO 广告公司副经理 A. F. 奥斯本发明了这一方法，最初用在广告的创新上，1953 年总结成书。这是世界上最早付诸实用的创造方法。“头脑风暴”原指精神病患者头脑中短时间出现的思维紊乱现象，此时病人会产生大量的胡思乱想。奥斯本借用这个概念来比喻思维高度活跃，打破常规的思维方式而产生大量创造性设想的状况。

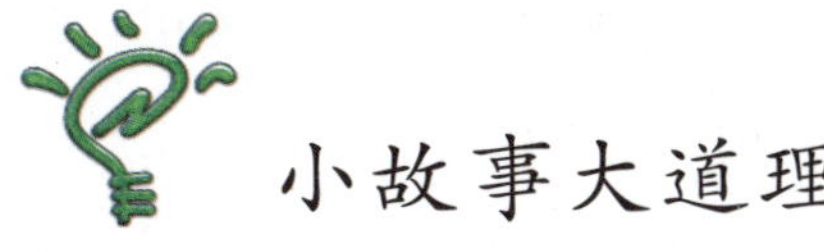

小故事大道理

坐飞机扫雪

有一年，美国北方格外寒冷，大雪纷飞，电线上积满了冰雪，大跨度的电线常被积雪压断，严重影响通信。过去，许多人试图解决这一问题，但都未能如愿以偿。后来，电信公司经理应用奥斯本发明的头脑风暴法，尝试解决这一难题。他召开了一种能让头脑卷起风暴的座谈会，参加会议的是不同专业的技术人员，会议要求他们必须遵守以下原则：第一，自由思考。即要求与会者尽可能解放思想，无拘无束地思考问题并畅所欲言，不必顾虑自己的想法是否“离经叛道”或“荒唐可笑”。第二，延迟评判。即要求与会者在会上不要对他人的设想评头论足，不要发表“这主意好极了”“这种想法太离谱了”之类的话，至于对设想的评判，留在会后组织专人考虑。第三，以量求质。即鼓励与会者尽可能多而广地提出设想，以大量的设想来保证质量较高的设想的存在。第四，结合改善。即鼓励与会者积极进行智力互补，在增加自己提出设想的同时，注意思考如何把两个或更多的设想结合成另一个更完善的设想。

按照这种会议规则，大家七嘴八舌地议论开来，有人提出设计一种专用的电线清雪机；有人想到用电热来化解冰雪；也有人建议用振荡技术来清除积雪；还有人提出能否带上几把大扫帚，乘直升机去扫电线上的积雪。对于这种“坐飞机扫雪”的想法，尽管大家心里觉得滑稽可笑，但在会上也无人提出批评。相反，有一位工程师在百思不得其解时，听到用飞机扫雪的想法后，大脑突然受到冲击，一种简单可行且高效率的清雪方法冒了出来。他想，每当大雪过后，出动直升机沿积雪严重的电线飞行，通过调整旋转的螺旋桨即可将电线上的积雪迅速扇落。他马上提出“用干扰机扇雪”的新设想，顿时又引起其他与会者的联想，有关用飞机除雪的主意一下子又多了七八条。不到一小时，与会的 10 名技术人员共提出 90 多条新设想。

会后，公司组织专家对设想进行分类论证。专家们认为设计专用清雪机，采用电热或电磁振荡等方法清除电线上的积雪在技术上虽然可行，但研制费用大、周期长，一时难以见效。那种由“坐飞机扫雪”激发出来的几种设想倒是大胆的新方案，如果可行，将是既简单又高效的好办法。经过现场试验，发现用直升机扇雪真的奏效，一个久悬未决的难题，终于在头脑风暴会中得到了巧妙的解决。

这个故事告诉我们，随着发明创造活动的复杂化和课题涉及技术的多元化，单枪匹马式的冥思苦想将变得软弱无力，而“群起而攻之”的发明创造战术则显示出攻无不克的威力。

知识小百科

群体激智创造法

群体激智创造法以一定的会议形式给与会者创造一种能积极思考、启发联想、大胆创新的良好情境，让所有参加者在自由愉快、畅所欲言的气氛中，自由地提出想法或点子，并以此相互启发、相互激励、引起联想、产生共振和联锁反应，从而诱发更多的创意和灵感。群体激智创造法又称“头脑风暴法”（Brainstorming），原意为短暂的精神错乱，此处形容会议的特点是让与会者敞开思想，使各种设想在相互碰撞中激起脑海的创造性“风暴”。现在，这个词已被全世界认可为“快速、大量寻求解决问题构想的集体思考方法”。

最强大脑

一、基本原理

1. 追求数量

此规则是一种产生多种分歧的方法，旨在遵循量变产生质变的原则来处理论题。假设提出的设想数量越多，越有机会出现高明、有效的方法。

2. 禁止批评

在头脑风暴活动中，针对新设想的批评应当暂时搁置一边。相反，参与者要集中精力提出设想、扩展设想，把批评留到后面的批评阶段进行。若压下评论，与会人员将会无拘无束地提出不同寻常的设想。

3. 提倡独特的想法

要想有多而精的设想，应当提倡与众不同。这些设想往往出自新观点或是被忽略的假设里。这种新式的思考方式将会带来更好的主意。

4. 综合并改善设想

多个好想法常常能融合成一个更棒的设想，就如“三个臭皮匠顶个诸葛亮”一样。事实证明，综合的过程可以激发出有建设性的设想。

二、操作步骤

1. 提出论题

在头脑风暴会议前定好论题。提出的论题一定要表述清楚、问题明确，如果论题设得太大，主持人应将其分解成较小的部分分别提问。

2. 制作背景资料

给与会者提供头脑风暴的背景资料，并在会前分发，使与会人员能事先进行思考。论题以提问的形式描述出来，如有必要可举一些实例给参加会议的人员做参考。

3. 创建引导问题的一览表

在头脑风暴回忆中大家的创造力可能会逐渐减弱。这个时候，主持人应该找出一个问题来引导大家回答，借以激发创造力。比如说：我们能综合这些设想吗？或是说：换一个角度看怎么样？最好在开会前就准备好引导问题一览表。

4. 会议的进行

1）主持人向头脑风暴小组征求意见。

2）如果没有当即提出的设想，则由主持人提出引导问题来激发大家的创造力。

3）所有与会者各自说出自己的想法，由记录员做记录。

4）为表述清楚，与会者往往需要对自己的设想加以详细阐述。

5）主持人依照会议宗旨将所有设想进行整理并鼓励大家讨论。

6）把所有设想归类整理。

7）回顾整个列表，以保证每个人都理解这些设想。

8）去除重复的设想和显然难以实现的设想。

9）主持人对所有与会者表示感谢并依次给予赞赏。

5. 评估

1）在最后阶段，参会成员会评估这些主意并从中挑选出解决问题的方法。

2）在项目还未明朗时，必须有一个共同的决策过程来推进协作努力的成果，并对任务进行重新分配。

3）在重要转折点上，需要有评判标准来决定小组讨论是否朝着最终的答案进行。

4）在整个过程中需要不断的鼓励，以便让参与者保持他们的热情。

成长工作坊

看一看

会议主题为“新颖电风扇的构思”，主持人做出如下提示：

1）从外观上考虑，赋予奇特、典雅或豪华的新设计。

2）从方便性上考虑，使装拆、收藏、维修等简便，能遥控或自动控制。

3）从物美价廉上考虑，如节电、采用新材料、工艺上的改进。

4）从增加辅助功能上考虑，能否更富装饰性，兼有照明功能，能产生香味等。

5）从保健角度考虑，模拟自然风，使风的方向、速度均可自动变化，让人体感觉更舒适。

……

你还能提出哪些提示呢？把这些提示列出来，创建引导问题的一览表。

想一想

把学生分成四个小组，每个小组围成一桌，完成“纸船载珠”比赛。

游戏规则：选用 A4 纸折成纸船，看哪个小组的纸船承载的弹珠最多！

分析总结成败的因素：纸的选择、船的折叠方式、弹珠的摆放方式。

做一做

组织一个讨论“砸核桃”的头脑风暴会，要求能多、快、好地砸核桃，大家有什么办法？

平时在家里，我们是用牙嗑、用手掰、用门掩、用锤子砸、用钳子夹等。几十个核桃用这样的办法还可以，核桃多了怎么办？研讨如何制作一个“新型核桃夹”。

第三章

创新设计基础

在进行创新设计的过程中，培养了同学们的技术素养和科技创新素质。在一定技术条件的基础上进行独立或模拟性的设计和制作是非常有必要的，所以设计、材料、工艺就成为创新设计的三个关键要素，而设计活动是一切创作成果的根本，它决定着作品的成败。因此，在进行具体的实际制作之前，应先将作品的设计结果表示出来，通过合理的交流和评价，优化修改，才能最大限度地保证作品的成功。

第一节 投影视图基础

技能要求

1. 了解投影法的种类和特点。
2. 理解正等轴测图的画法。
3. 会画出简单形体的正等轴测图。
4. 理解三视图的投影规律。

知识储备

一、投影法的分类

物体被灯光或日光照射，在地面或墙面上就会留下影子，这是日常生活中常见的投影现象。人们在上述现象的启示下，在长期的生产实践中，经过反复的观察和研究，从物体和投影的对应关系中，总结出了用投影原理在平面上表达物体形状的方法，建立了投影法。

投影法就是投射线通过物体，向选定的面投射，并在该面上得到图形的方法。

根据投射线的类型（平行或汇交），投影法一般可分为两大类：中心投影法和平行投影法。

1. 中心投影法

如图 3-1 所示，把光源 *S* 称为投射中心（光源），光线称为投射线，平面 *P* 称为投影面，在 *P* 面上所得到的图形称为投影。由图可知，投射线都是从投射中心——灯泡发出的，投射线互不平行，所得的投影大小总是随物体位置的不同而改变。这种投射线互不平行且汇交于一点的投影法称为中心投影法。

用中心投影法得到的投影的大小随着投影面、物体和投射中心三者之间距离的变化而变化，不能反映物体的真实大小，因此机械图样中较少采用。但是，由于中心投影法绘制的图形立体感较强，所以它适合绘制建筑物的外观图及美术画等。例如，图 3-2 所示为用中心投影法绘制的长方体的透视图。

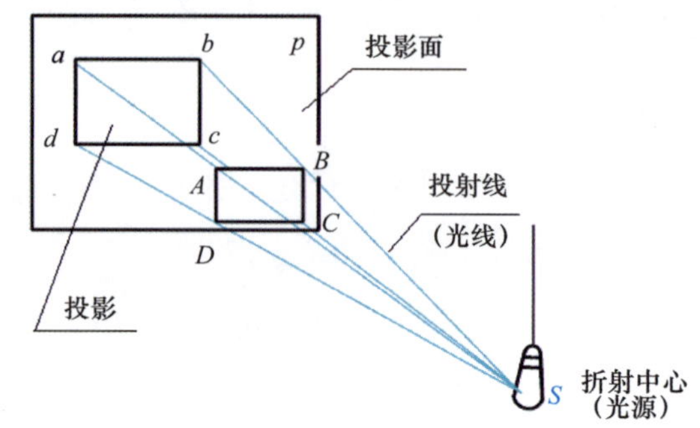

图 3-1　中心投影法

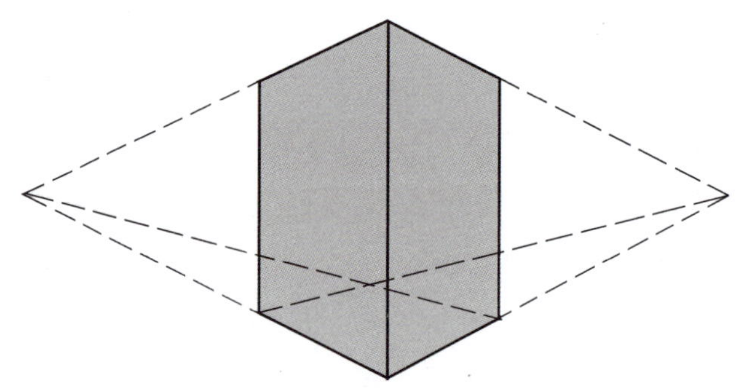

图 3-2　长方体的透视图

2. 平行投影法

如果将图 3-1 中的投影中心 S 沿指定方向移到无穷远处，则所有投射线都可以看作是互相平行的，如图 3-3 所示。这种投射线互相平行的投影方法称为平行投影法。

在平行投影法中，根据投射线是否垂直于投影面，分为斜投影法和正投影法两种。

（1）斜投影法　在平行投影法中，当投射线与投影面倾斜成某一角度时，称为斜投影法。按斜投影法得到的投影称为斜投影，如图 3-4a 所示。

（2）正投影法　在平行投影法中，当投射线与投影面垂直时，称为正投影法。按正投影法得到的投影称为正投影，如图 3-4b 所示。

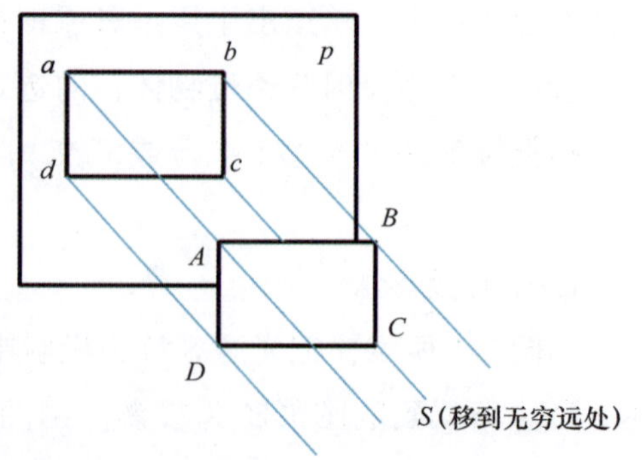

图 3-3　平行投影法

由于用正投影法得到的正投影能够真实地反映物体的形状和大小，度量性好、作图简便，因此正投影法在工程上得到了普遍的应用。本书

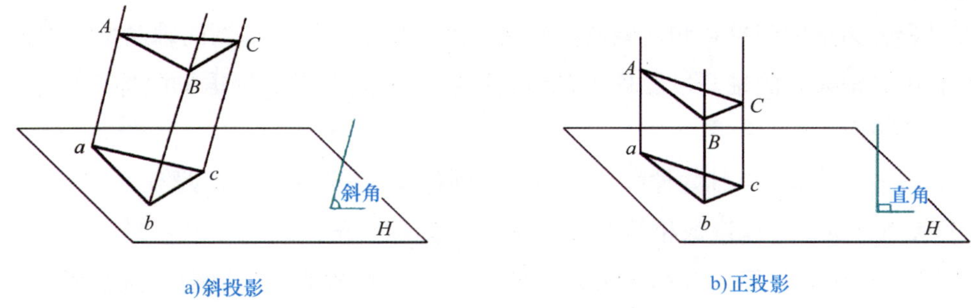

图 3-4　斜投影与正投影

以下所述的“投影”都属于正投影。

二、轴测投影的基本知识

1. 轴测投影的形成

轴测投影是将物体连同其直角坐标系，沿不平行于任一坐标平面的方向，用平行投影法将其投射在单一投影面上所得的图形，简称轴测图(图 3-5)。

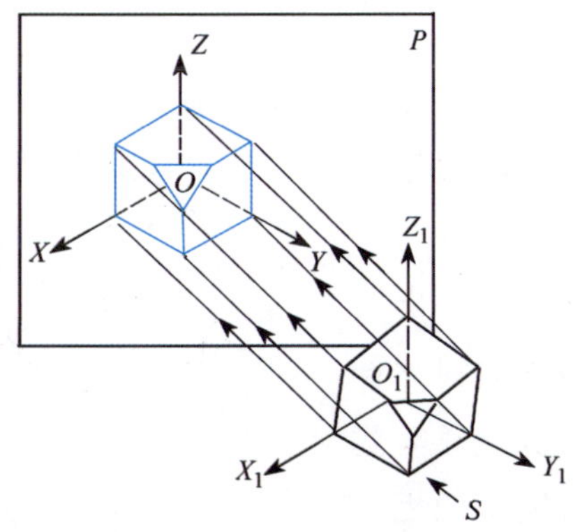

图 3-5　轴测图

轴测投影的单一投影面称为轴测投影面，如图 3-5 中的平面 P。

2. 轴测投影的基本概念

(1) 轴测轴　直角坐标轴在轴测投影面上的投影称为轴测轴，如图 3-5 中的 OX、OY、OZ。

(2) 轴间角　轴测投影中，任两根轴测轴之间的夹角称为轴间角。

(3) 轴向伸缩系数　轴测轴上的单位长度与相应直角坐标轴上单位长度的比值称为轴向伸缩系数。OX、OY、OZ 轴上的轴向伸缩系数分别用 p_1、q_1、r_1 表示。为了便于作图，绘制轴测图时，对轴向伸缩系数进行简化，以使其比值成为简单的数值，简化伸缩系数分别用 p、q、r 表示。

3. 轴测投影的种类

轴测投影分为正轴测投影和斜轴侧投影两大类。用正投影法得到的轴测投影称为正轴测投影；用斜投影法得到的轴测投影称为斜轴测投影。每类投影法根据轴向伸缩系数的不同，又可分为以下三种：

1）若 $p=q=r$，即三个轴向伸缩系数相同，则称为正(或斜)等测投影。

2）若有两个轴向伸缩系数相等，如 $p=r\neq q$，则称为正(或斜)二测投影。

3）若有三个轴向伸缩系数都不相等，即 $p\neq q\neq r$，则称为正(或斜)三测投影。

在轴测投影中，工程上应用最广泛的是正等轴测图。

4. 轴测投影的基本特性

由于轴测图是根据平行投影法画出来的，因此它具有平行投影的基本性质。其主要投影特性如下：

1）空间上互相平行的线段，在同一轴测投影中一定互相平行。与直角坐标轴平行的线段，其轴测投影必与相应的轴测轴平行。

2）与轴测轴平行的线段，按该轴的轴向伸缩系数进行度量。与轴测轴倾斜的线段，不能按该轴的轴向伸缩系数进行度量。因此，绘制轴测图时，必须沿轴向测量尺寸。

5. 正等轴测图简介

正等轴测图的轴间角 $\angle XOY=\angle XOZ=\angle YOZ=120°$。画图时，一般使 OZ 轴处于垂直位置，OX 轴、OY 轴与水平面成 30° 角。可利用 30° 的三角板与丁字尺方便地画出三根轴测轴，如图 3-6 所示，三根轴的简化伸缩系数相等($p=q=r=1$)。这样在绘制正等测图时，沿轴向的尺寸都可在投影图上的相应轴按 1∶1 的比例量取。

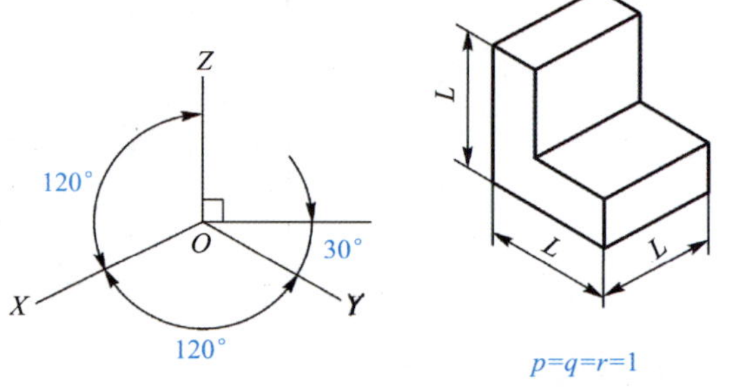

图 3-6　正等轴测图的画法

三、三视图的形成

物体是有长、宽、高三个尺度的立体，要认识它，就应该从上、下、左、右、前、后各个方向进行观察，这样才能对其有一个完整的了解。要反映物体的完整形状，必须根据物体的繁简程度，多取几个投影面上的投影相互补充，才能把物体的形状表达清楚。

四、三视图之间的对应关系

1. 位置关系

物体的三个视图按规定展开，摊平在同一平面上以后，具有明确的位置关系，主视图在上方，俯视图在主视图的正下方，左视图在主视图的正右方，如图 3-8 所示。

2. 投影关系

任何一个物体都有长、宽、高三个方向的尺寸。在物体的三视图中(图 3-7)，可以看出：

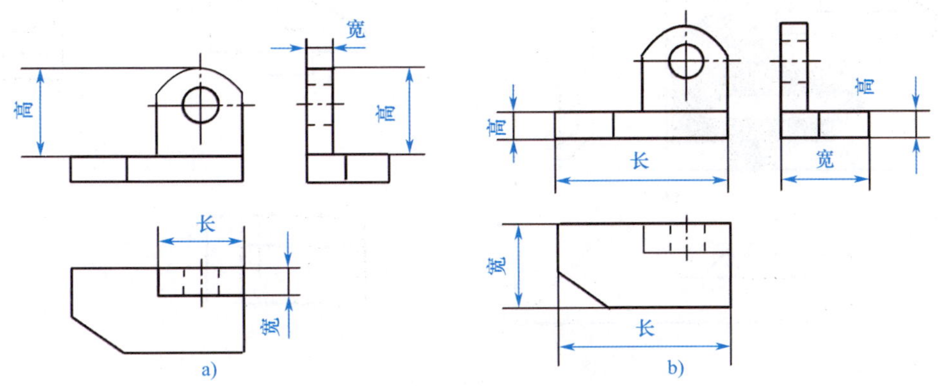

图 3-7　三视图的“三等”对应关系

a）立板保持“三等”　b）底板保持“三等”

主视图反映物体的长度和高度

俯视图反映物体的长度和宽度

左视图反映物体的高度和宽度

由于三个视图反映的是同一物体，其长、宽、高是一致的，所以每两个视图之间必有一个相同的度量，即

主、俯视图反映了物体的同样长度(等长)

主、左视图反映了物体的同样高度(等高)

俯、左视图反映了物体的同样宽度(等宽)

因此，三视图之间的投影关系可以归纳为：

主视图、俯视图长对正(等长)

主视图、左视图高平齐(等高)

俯视图、左视图宽相等(等宽)

上面所归纳的“三等”关系，简单地说就是“长对正，高平齐，宽相等”。对于任何一个物体，不论是整体，还是局部，这个投影对应关系都保持不变(图 3-7)。“三等”关系反映了三个视图之间的投影规律，是看图、画图和检查图样的依据。

3. 方位关系

三视图不仅反映了物体的长、宽、高，同时也反映了物体的上、下、左、右、前、后六个方位的位置关系。从图 3-8 中，可以看出：主视图反映了物体的上、下、左、右方位；俯视图反映了物体的前、后、左、右方位；左视图反映了物体的上、下、前、后方位。

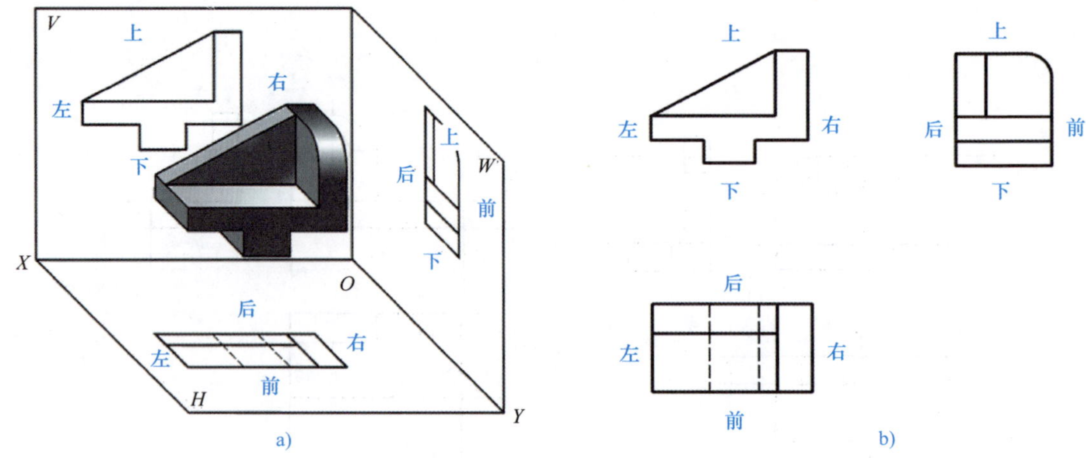

图 3-8　三视图反映物体六个方位的位置关系

新手学步

练习：已知长方体的三视图(图 3-9)，画出它的正等轴测图。

分析：图 3-9a 所示为长方体的三视图。长方体共有八个顶点，用坐标确定各顶点在其轴测图中的位置，然后连接各顶点间的棱线即为所求正等轴测图。

操作步骤如下：

步骤 1　在三视图上定出原点和坐标轴的位置，设定右侧后下方的棱角为原点，*X*、*Y*、*Z* 轴是过原点的三条棱线，如图 3-9 所示。

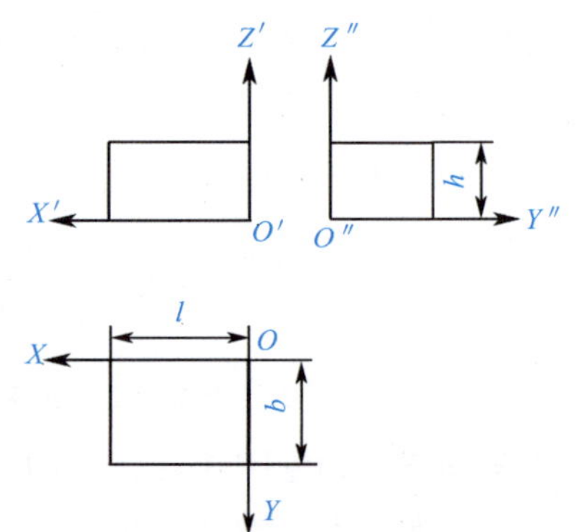

图 3-9　长方体的三视图

步骤 2　用 30°的三角板画出三根轴测轴，在 *X* 轴上量取物体的长 *l*，在 *Y* 轴上量取宽 *b*；然后由端点 Ⅰ 和 Ⅱ 分别画 *Y*、*X* 轴的平行线，画出物体底面的形状，如图 3-10a 所示。

步骤 3　通过长方体底面各端点画 *Z* 轴的平行线，在各线上量取物体的高度 *h*，得到长方体顶面各端点。把所得各点连接起来并擦去多余的棱线，即得物体顶面、正面和侧面的形状，如图 3-10b 所示。

步骤 4　擦去轴测轴，描深轮廓线，即得长方体正等轴测图，如图 3-10c 所示。

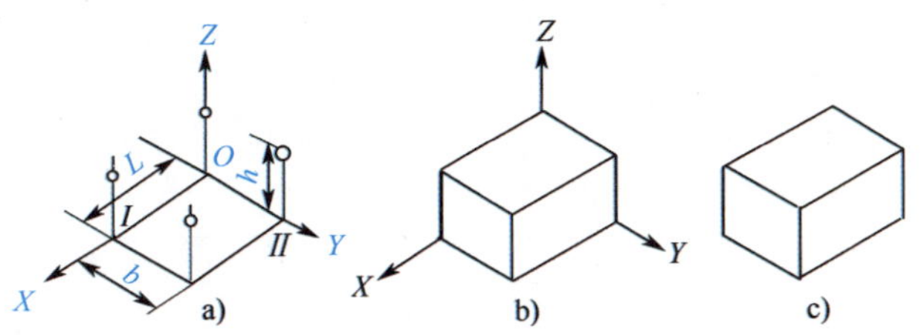

图 3-10　长方体正等轴测图的画法

拓展训练

1. 根据图 3-11 所示的三视图，绘制其正等轴测图。

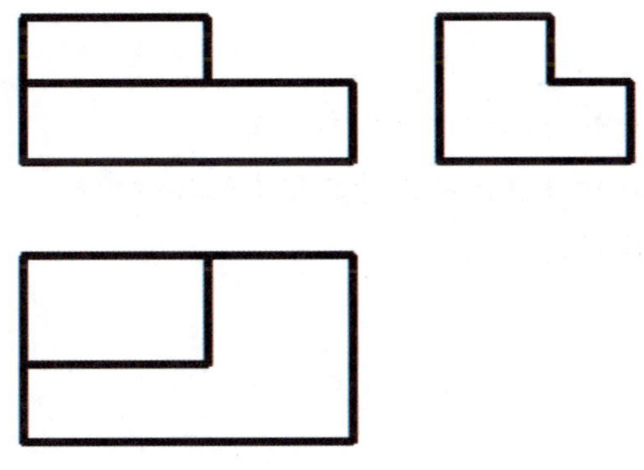

图 3-11

2. 有图 3-12 所示的一座小屋，站在小屋的前面和右面看到的依次是(　　)。

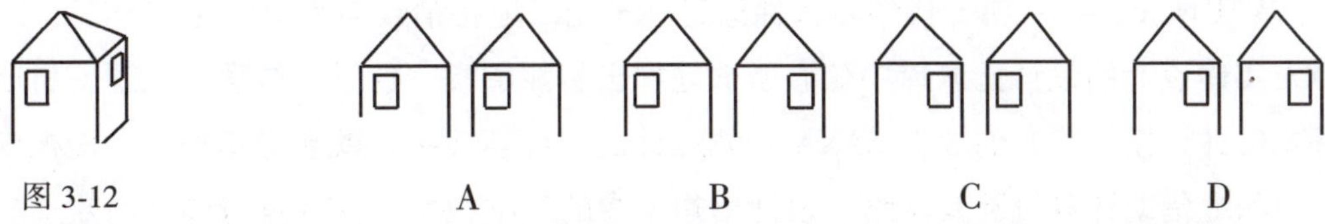

3. 图 3-13 所示为用于防振的 L 形包装塑料泡沫，俯视这一物体时看到的图形是(　　)。

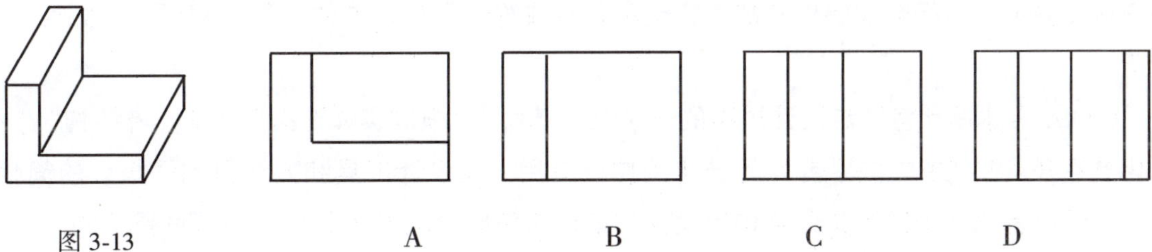

第二节 三维建模基础

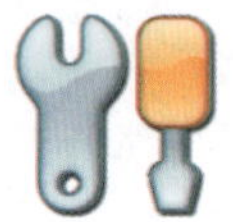

技能要求

1. 熟悉 CAXA 实体设计软件的界面。
2. 了解 CAXA 实体设计软件的设计概念和方法。
3. 了解 CAXA 实体设计软件在产品设计应用中的各种功能。
4. 熟悉产品设计三维建模的基本步骤。

知识储备

一、CAXA 实体设计的设计概念与方法

CAXA 实体设计——新一代创新软件已经独一无二地将精致与简单结合在一起，即只需从 CAXA 实体设计的设计元素库中随心所欲地拖出智能图素、色彩、纹理、光源、材质和动画等基本设计元素，将它们放在 CAXA 实体设计的设计环境中，就会像搭积木、捏橡皮泥一样轻松自如地借助计算机及其网络，设计出想象中的三维模型，并且具有逼真的效果。还可以根据需要对可视化设计的模型进行精确的尺寸设计和定位，这样就可以将数码模型通过网络直接发去工厂进行数控编程和加工，也可以生成符合国际标准的二维工程图样，如图3-14所示。

CAXA 实体设计将开启设计过程的一场全新革命。“拖放实体造型”“设计流结构”“可视化产品开发”“多内核平台”等技术的广泛应用，使设计工具和方法得到了极大的简化，不仅使设计者的才华得以充分自如的发挥，设计效率因此提高了数倍，还可使更多的人——无论是技术人员、管理人员、营销人员、服务人员，甚至是小学生——都可以广泛地参与创新的过程。这就是创新设计，它必将带来无可匹敌的生产力和竞争力。

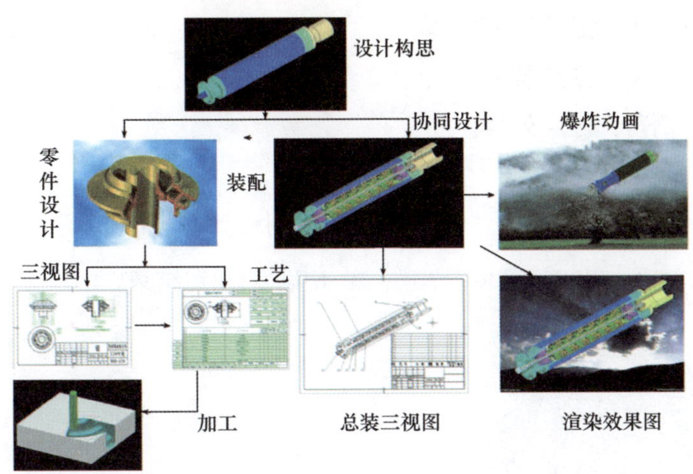

图 3-14　CAXA 实体设计的设计思路

二、CAXA 实体设计软件的界面

CAXA 实体设计软件的界面如图 3-15 所示。

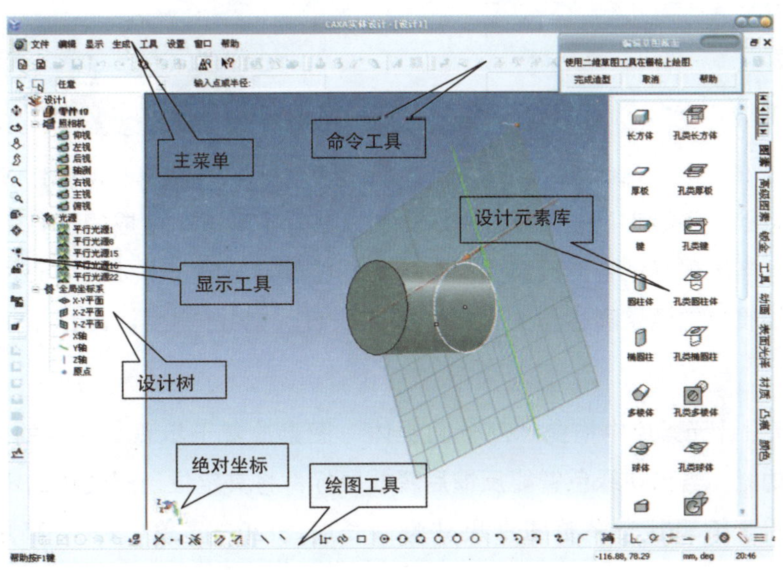

图 3-15　CAXA 实体设计软件的界面

新手学步

练习： 完成图 3-16 所示显示器的设计。

1. 思路点拨

1）拖入长方体和圆柱体，生成显示器的底座。

2）拖入长方体，生成显示器的主体。

3）拖入孔类长方体，生成屏幕。

4）对各边进行倒角、过渡处理。

2. 设计过程

步骤 1　从设计元素库中拖曳“长方体”图素到设计环境，如图 3-17 所示，编辑包围盒为“长度：230；宽度：230；高度：30”，单击确定按钮结束。

图 3-16　显示器轴测图

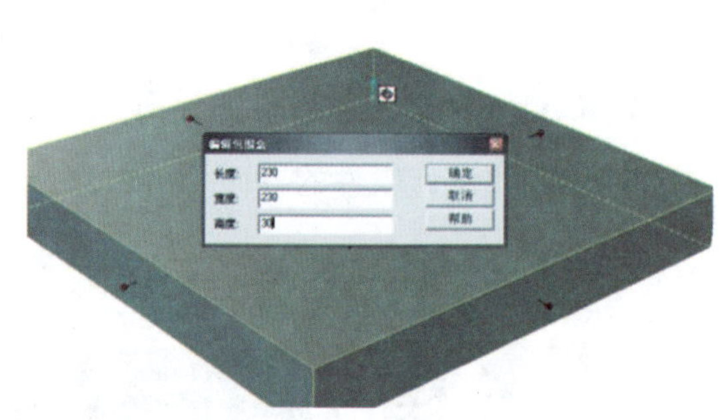

图 3-17　编辑“长方体”图素(1)

步骤 2　从设计元素库中拖曳“圆柱体”图素放置于步骤 1 生成的长方体的中心，利用智能捕捉功能，当出现绿色智能反馈后释放鼠标，将其定位到长方体的中心位置。如图 3-18 所示，在图素编辑状态调整圆柱体图素尺寸为“长度：120；宽度：120；高度：20”，单击确定按钮结束。

步骤 3　从设计元素库中拖曳“部分圆锥体”图素放置于步骤 2 生成的圆柱体的中心，利用智能捕捉功能，当出现绿色智能反馈后释放鼠标，将其定位到圆柱体的中心位置。如图 3-19所示，在图素编辑状态调整图素尺寸为“长度：120；宽度：120；高度：25”，单击确定按钮结束。

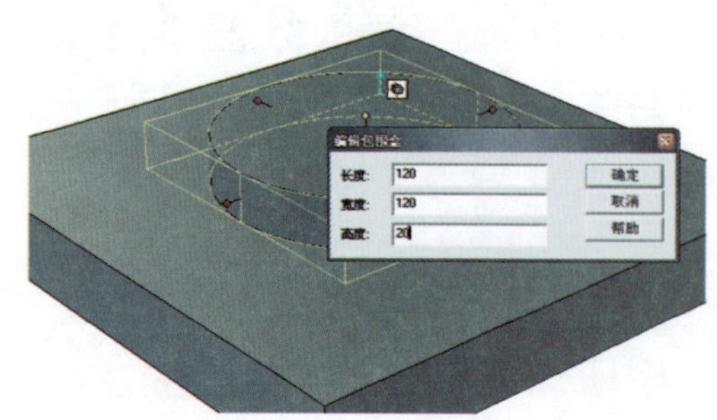

图 3-18　编辑“圆柱体”图素

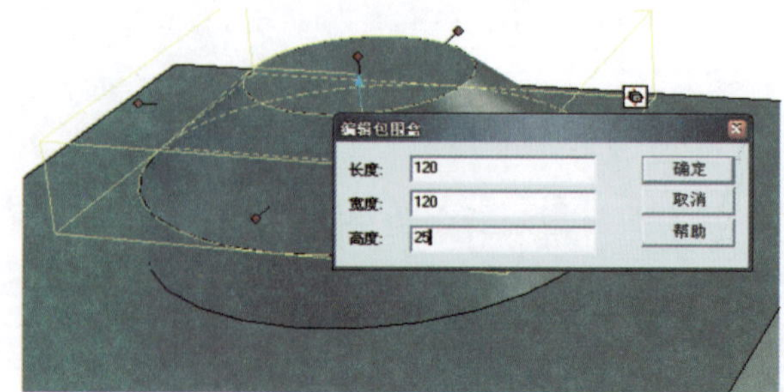

图 3-19　编辑“部分圆锥体”图素

步骤 4　在部分圆锥体图素编辑状态单击右键，在弹出的快捷菜单中选择“编辑草图截面”，进入二维草图编辑状态，如图 3-20 所示。

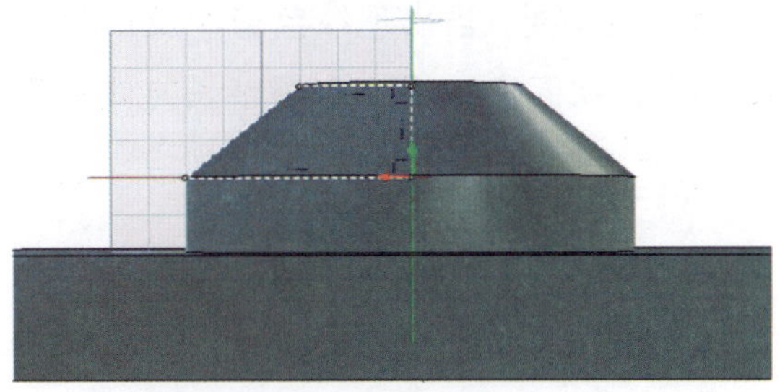
图 3-20　二维草图编辑状态

步骤 5　利用二维绘图工具在栅格上按照图3-21 所示绘制直线，单击完成造型按钮结束。

步骤 6　从设计元素库中拖曳“长方体”图素放置于部分圆锥体的中心，利用智能捕捉功能，当出现绿色智能反馈后释放鼠标，将其定位到部分圆锥体的中心位置。如图 3-22 所示，在图素编辑状态调整长方体图素尺寸为“长度：400；宽度：400；高度：340”，单击确定按钮结束。

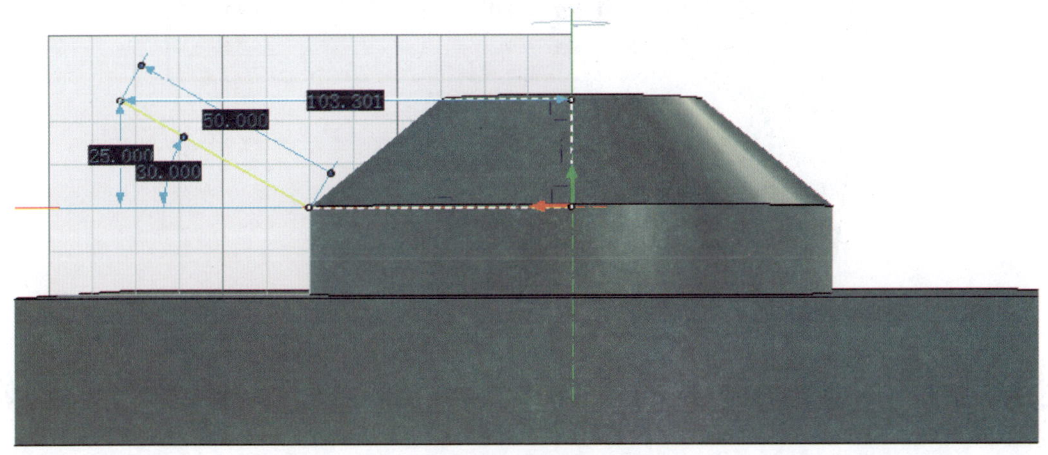

图 3-21　绘制直线

步骤 7　拾取步骤 6 生成的长方体，使其处于智能图素状态，拾取长度方向的“编辑包围盒”的一个手柄，如图 3-23 所示，从弹出的快捷菜单中选择“编辑包围盒”，将长度方向的值设为“80”，单击确定按钮结束。

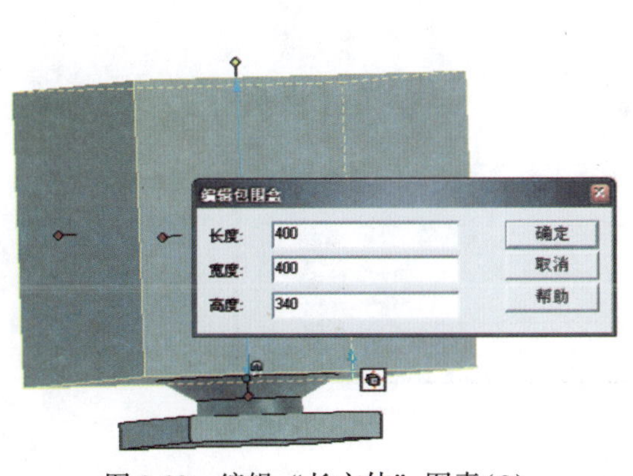

图 3-22　编辑“长方体”图素(2)

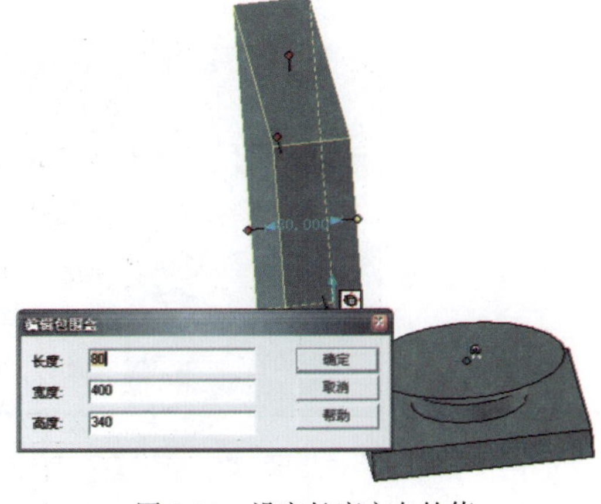

图 3-23　设定长度方向的值

步骤 8　从设计元素库中拖曳“长方体”图素放置于步骤 6 生成的长方体后方中心，利用智能捕捉功能，当出现绿色智能反馈后释放鼠标，将其定位到长方体的中心位置。如图 3-24所示，在图素编辑状态调整长方体图素尺寸为“长度：396；宽度：338；高度：50”，单击确定按钮结束。

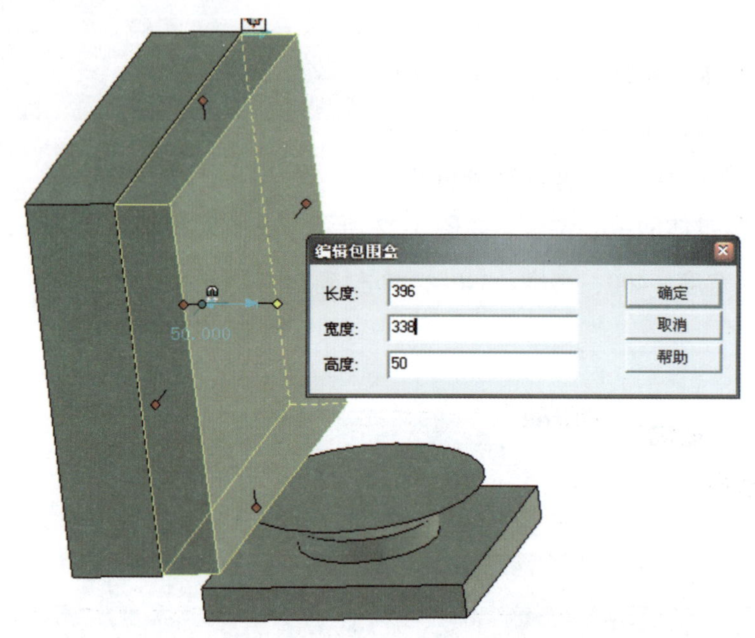

图 3-24　编辑“长方体”图素(3)

注意：长方体下方与步骤 6 的长方体相齐，上方和左右两方都比步骤 6 生成的长方体的长度短 20。

步骤 9　从设计元素库中拖曳“长方体”图素放置于步骤 8 生成的长方体后方中心，利用智能捕捉功能，当出现绿色智能反馈后释放鼠标，将其定位到长方体的中心位置。如图 3-25所示，在图素编辑状态调整长方体图素尺寸为“长度：392；宽度：336；高度：270”，单击确定按钮结束。

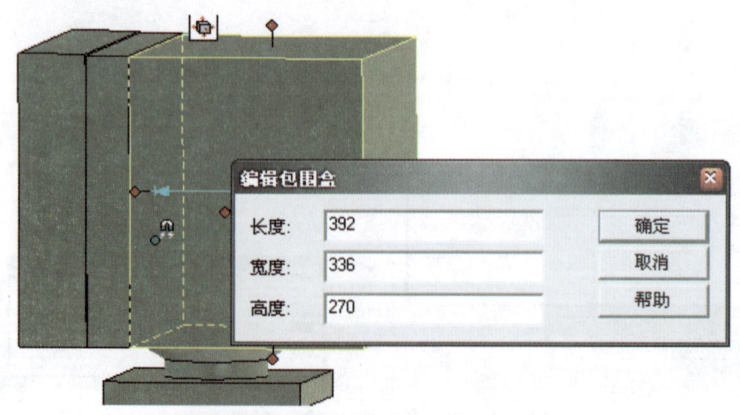

图 3-25　编辑“长方体”图素(4)

步骤 10 将“选择”工具条中的“拾取过滤”下拉列表选择为“面”。拾取步骤 8 生成的长方体的上方表面，单击右键，从弹出的快捷菜单中选择“移动”，然后将其置于三维球编辑状态。按空格键，三维球变为白色并与零件分离，拾取三维球的中心手柄，单击鼠标右键，从弹出的快捷菜单中选择“到点”，拾取步骤 8 与步骤 9 生成的相接处的上方表面的边，三维球随即移动到此点，如图 3-26 所示。

步骤 11 再次按空格键，三维球变为绿色并与零件结合，单击图 3-26 所示的相交边平行方向的手柄，显示出这一手柄所在的轴线，沿这一轴线顺时针旋转一定角度，在弹出的“编辑旋转”对话框中编辑角度为“350”，如图 3-27 所示，单击确定按钮结束。

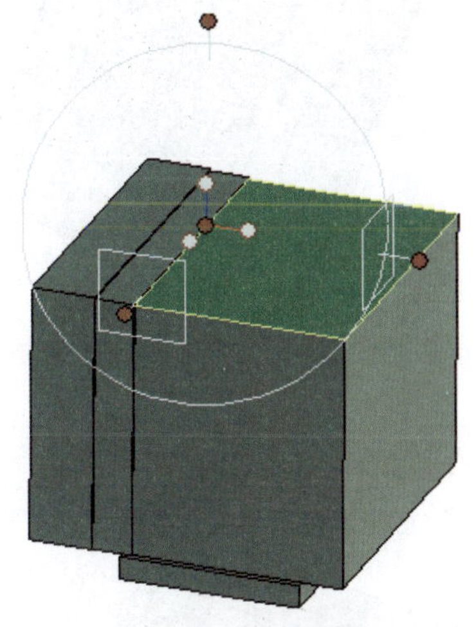

图 3-26 定心三维球

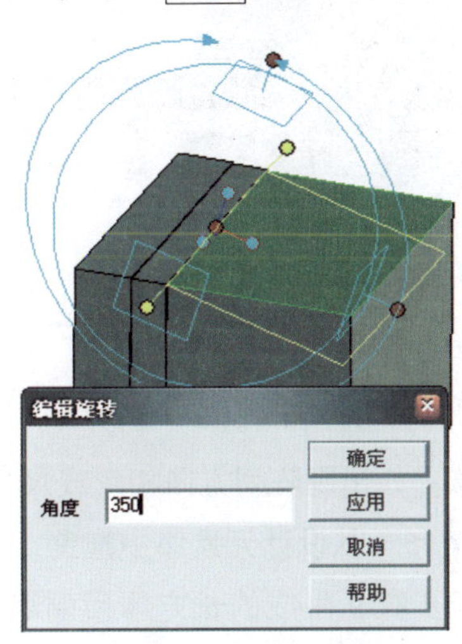

图 3-27 编辑角度

步骤 12 从“高级图素”设计元素库中拖入“孔类环类部块”，放置于步骤 11 生成的表面中心，如图 3-28 所示。

步骤 13 如图 3-29 所示，拾取步骤 12 生成的孔类环类部块，将其置于三维球编辑状态，

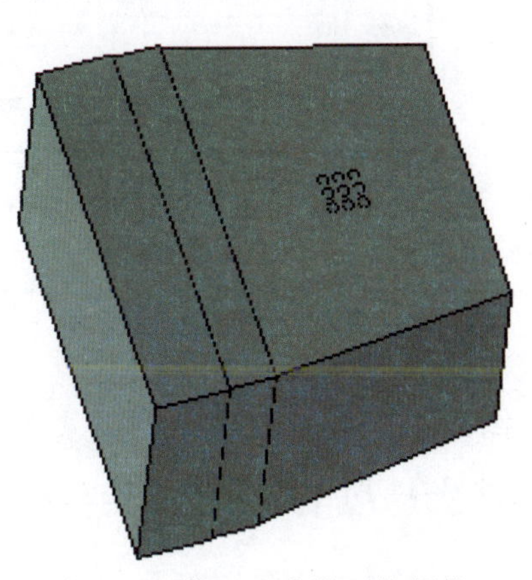

图 3-28 拖入“孔类环块部件”

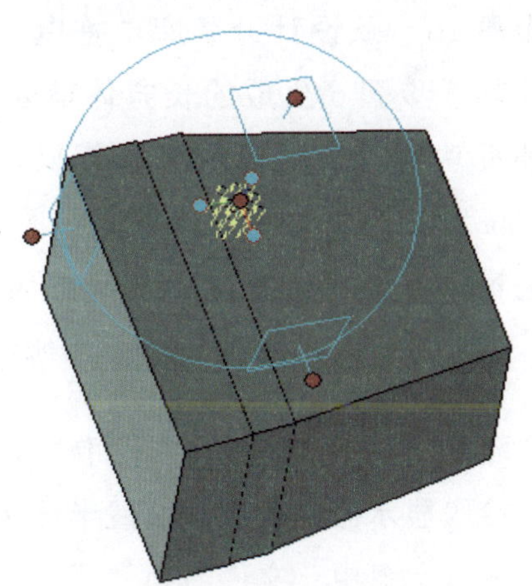

图 3-29 设置移动距离

拾取相应的外部手柄，单击鼠标右键，从弹出的快捷菜单中选择“编辑距离”，距离值设为“100”，将孔类环类部块向前方或侧面方向都移动 100 的距离。

步骤 14 拾取步骤 13 生成的孔类环类部块，激活三维球工具，单击水平一维手柄，选定该轴，在另一水平一维手柄上单击右键，选择“生成矩形阵列”。如图 3-30 所示，在出现的“矩形阵列”对话框中依次输入“方向 1 数量：6；方向 1 距离：50；方向 2 数量：4；方向 2 距离：-50；交错偏置：0”，单击确定按钮结束，如图 3-31 所示。

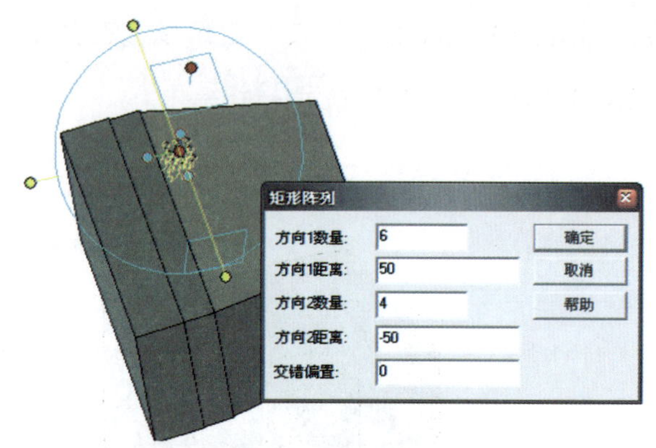

图 3-30 编辑“矩形阵列”

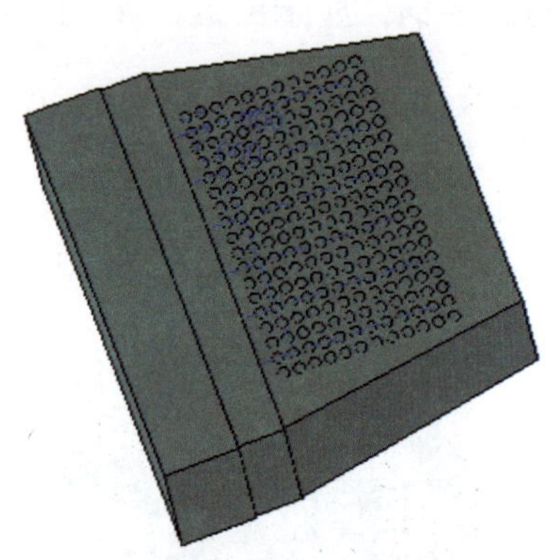

图 3-31 矩形阵列效果图

注意：如出现阵列方向相反或尺寸交叉的情况，可在该值上单击右键进行调整。

步骤 15 从设计元素库中拖曳“孔类长方体”图素放置于步骤 9 生成的长方体后端表面中心，利用智能捕捉功能，当出现绿色智能反馈后释放鼠标，将其定位到长方体的中心位置。如图 3-32 所示，在图素编辑状态调整长方体图素尺寸为“长度：150；宽度：120；高度：5”，单击确定按钮结束。

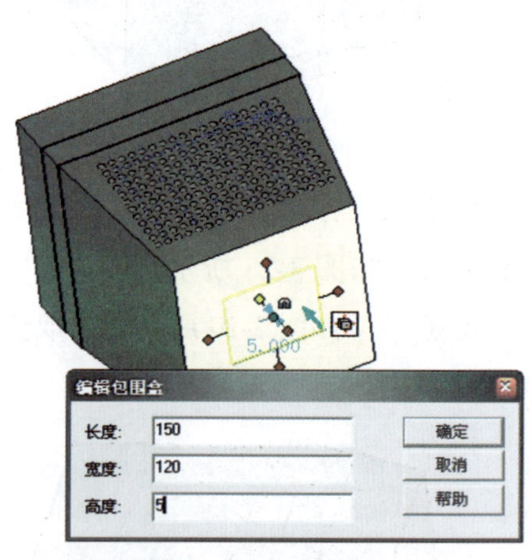

图 3-32 编辑“孔类长方体”图素(1)

步骤 16 从设计元素库中拖曳“孔类长方体”图素放置于步骤 6 生成的长方体前表面中心，利用智能捕捉功能，当出现绿色智能反馈后释放鼠标，将其定位到长方体的中心位置。如图 3-33 所示，在图素编辑状态调整长方体图素尺寸为“长度：320；宽度：240；高度：2”，单击确定按钮结束。

步骤 17 单击按钮，拾取屏幕的四边，设置倒角距离为“5”和“2”。单击按钮，拾取显示器的各边，设置半径为“0.5”，完成图 3-34 所示的造型。检查无误，将其保存在指定盘中，文件名为“显示器”。

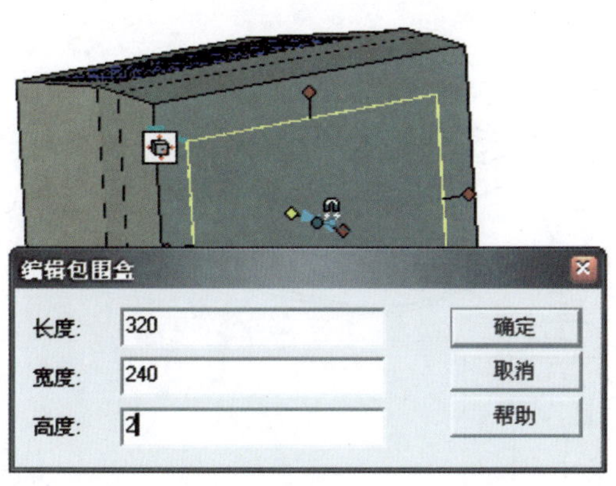

图 3-33　编辑“孔类长方体”图素(2)

图 3-34　显示器造型

拓展训练

1. 用 CAXA 实体设计软件完成图 3-35 所示的手柄造型。

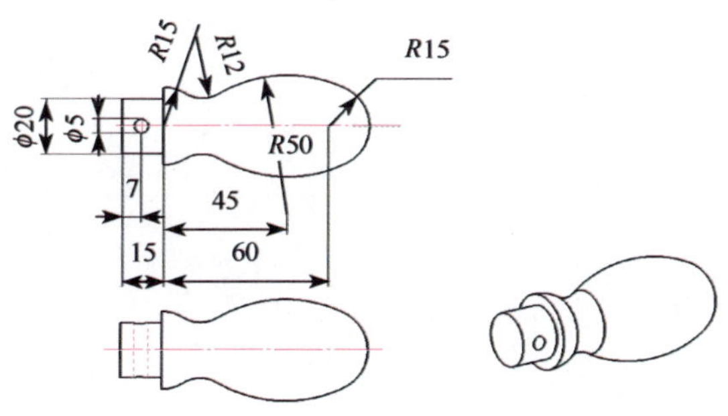

图 3-35　手柄

2. 用 CAXA 实体设计软件完成图 3-36 所示的烟灰缸造型。

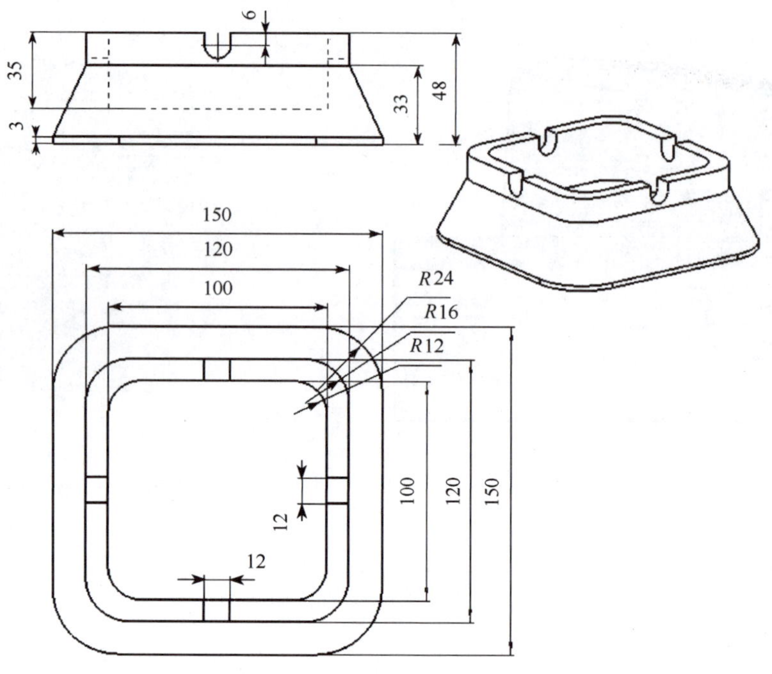

图 3-36　烟灰缸

第三节

3D 打印基础

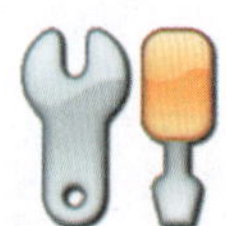

技能要求

1. 了解 3D 打印技术。
2. 熟悉 3D 打印软件的界面。
3. 熟悉 3D 打印机的基本操作步骤。

知识储备

一、了解 3D 打印技术

3D 打印技术是一种以数字模型文件为基础，运用粉末状金属或塑料等可粘合材料，通过逐层打印的方式来构造物体的技术。3D 打印机(图 3-37)出现在 20 世纪 90 年代中期，它是一种利用光固化和纸层叠等技术的快速成形装置。它与普通打印机的工作原理基本相同，打印机内装有液体或粉末等“打印材料”，与计算机连接后，通过计算机控制把“打印材料”一层层地叠加起来，最终把计算机上的蓝图变成实物。如今，这一技术在多个领域得到了应用，人们用它来制造服装、建筑模型、汽车、巧克力等。

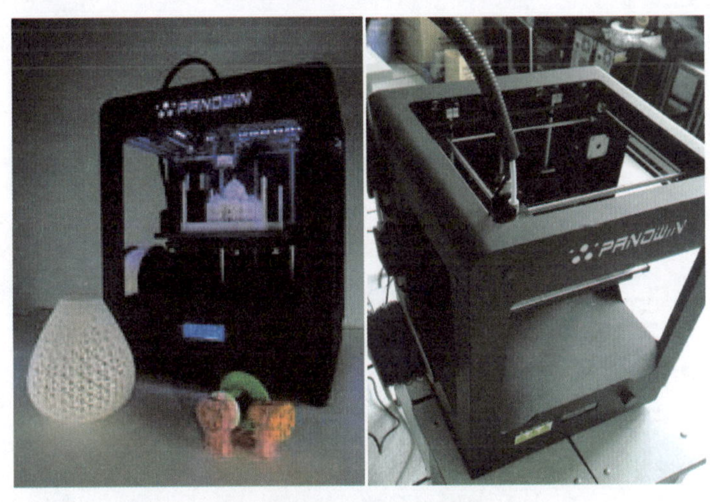

图 3-37　3D 打印机

3D 打印技术的魅力在于它不需要在工厂操作，桌面打印机可以打印出小物品，人们可以将其放在办公室一角、商店甚至家里；而自行车车架、汽车方向盘、飞机零件等大型物品，则需要更大的打印机和更大的放置空间。但是，现在 3D 打印技术还不够成熟，材料特定，造价高昂，打印出来的物品还都处于模型阶段，也就是说真正用于生活应用的还并不多。但 3D 打印技术的前景很好，未来将有可能得到普及，进入我们的生活。

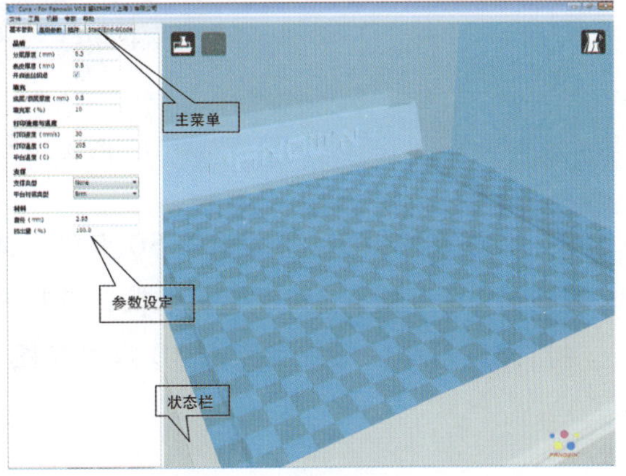

图 3-38　3D 打印软件的界面

二、3D 打印软件的界面

3D 打印软件的界面如图 3-38 所示。

新手学步

练习：完成海绵宝宝的打印。

1. 思路点拨

1）拖入海绵宝宝的数据文件。

2）将文件导入 3D 打印机的 SD 卡中。

3）将 SD 卡插入打印机卡槽，选择模型文件开始打印。

4）完成打印，取下模型。

2. 任务实施

1）拖入海绵宝宝数据文件，如图 3-39 所示。

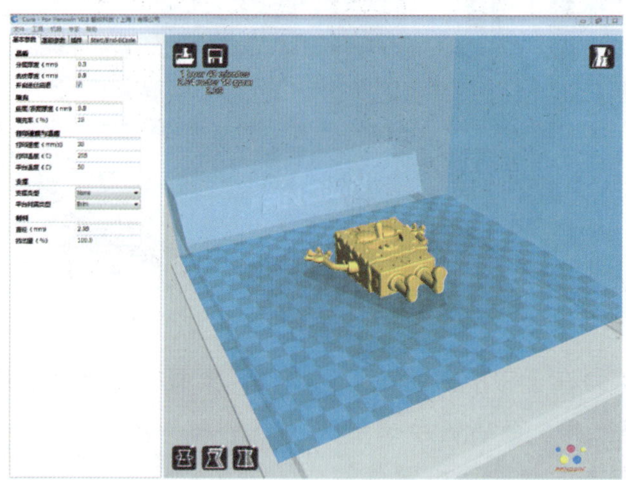

图 3-39　拖入文件

2）保存文件至 3D 打印机的 SD 卡中，如图 3-40 所示。

3）将 SD 卡插入 3D 打印机卡槽，选择模型文件开始打印，如图 3-41 所示。

4）完成打印，海绵宝宝的 3D 模型如图 3-42 所示。

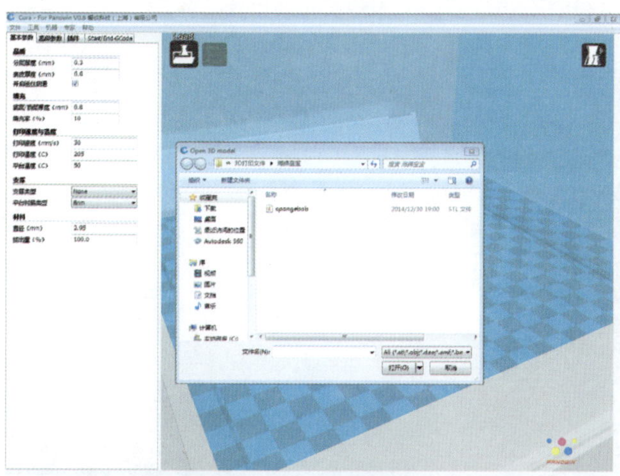

图 3-40　保存文件

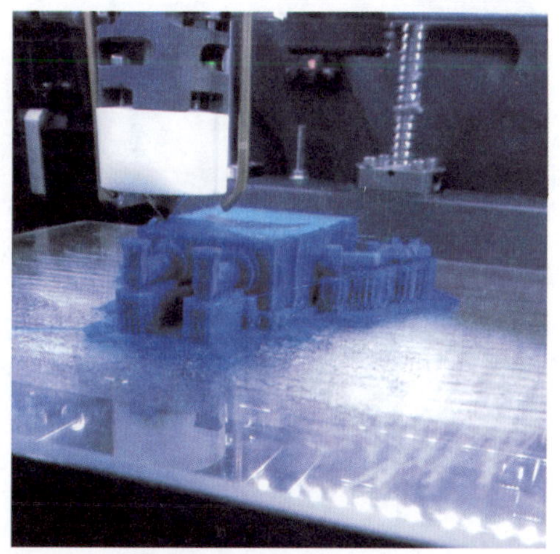

图 3-41　开始打印

图 3-42　海绵宝宝的 3D 模型

第四章

发明设计 DIY

创新是推动民族进步和社会发展的不竭动力，学校培养的学生不应仅仅是流水线上技能过硬的操作工，更应是具有创新精神和设计能力的优秀人才。我们在“激发潜能，学以致用”的理念指导下，以“人人接受创新教育，人人学会创新思维，人人参加创新实践，人人具备创新能力”为目标，力求让创新成就教育，成就学生的灿烂人生。

第一节

外观专利设计

------技能要求

1. 注意观察身边的创新事物，分析产生这些创意的亮点，并且能够将这些新知识应用到创新实践中。

2. 寻找生活中的产品设计存在的一些问题，根据这些问题提出创新构想，设计一种完善优化的产品。

3. 能够利用学过的三维建模软件进行三维建模，能根据需要进行简单的创新改进，并检验能否达到设计要求。

4. 能在产品设计过程中考虑设计产品的美观性和实用性。

知识储备

外观设计专利是专利权的客体，是专利法保护的对象，是指依法应授予专利权的外观设计。它与发明外观设计专利或实用新型专利完全不同，即外观设计不是技术方案。我国《专利法》第二条中规定："外观设计，是指对产品的形状、图案或者其结合以及色彩与形状、图案的结合所做出的富有美感并适于工业应用的新设计。"外观设计专利证书如图 4-1 所示。外观设计专利应当符合以下要求：

1）是形状、图案、色彩或者其结合的设计。

2）必须是对产品的外观所做的设计。

3）必须富有美感。

4）必须适于工业应用。

图 4-1　外观设计专利证书

本节以“趣味齿轮闹钟”项目为例，讲述如何进行外观设计。

灵感来源

闹钟在我们的生活中一直扮演着重要的角色，对于学生而言，它是防止迟到的好伙伴。但是，闹钟的外形往往比较单一，不能满足人们对于时尚的追求。

以色列艺术家用自行车链条做成雕塑，启发了我们的灵感，能否把闹钟和链条结合在一起，再加上代表机械专业的齿轮形表头呢？这样既时尚，又能体现机械专业的特点。

设计方案

DTY 闹钟有两个主要功能：可自主调节的钟杆和酷炫齿轮闹钟头。

1）底座的设计如图 4-2 和图 4-3 所示。

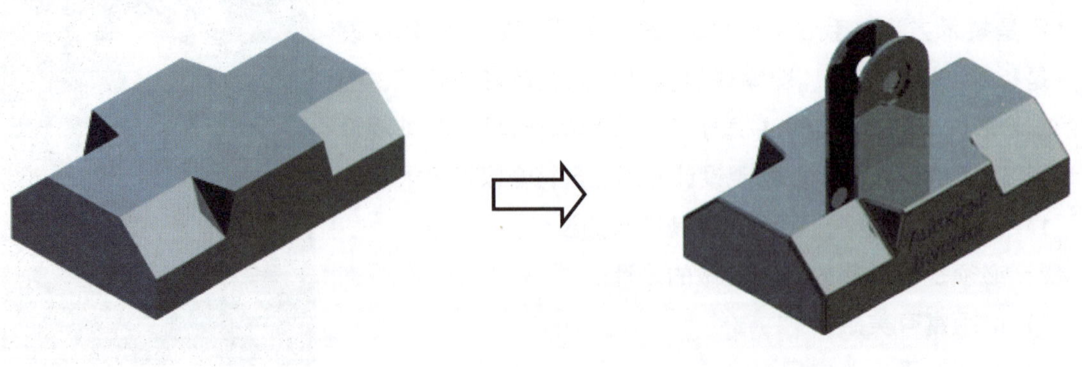

图 4-2 底座(1)　　图 4-3 底座(2)

2）钟头的设计如图 4-4 和图 4-5 所示。

3）连接部分的设计。连接部分是模仿自行车链条设计的，如图 4-6 所示。

图 4-4 钟头(1)

图 4-5 钟头(2)

图 4-6 连接部分

4）结构分析如图 4-7 所示。

DIY 趣味闹钟时尚大方，钟头可以根据个人喜好选择不同造型和颜色。底座除了可以放置在桌上以外，还可以换成架子夹在桌子边、床靠背上。链条状的连接部分可以根据个人喜好拗成各种造型，也可以拆卸链节，任意缩短或伸长，充分体现了 DIY 的乐趣。本产品既可以作为办公桌、书桌的装饰品，也可以当成玩具，时尚又不失趣味性。该项设计已经取得国家外观专利，如图 4-8 所示。

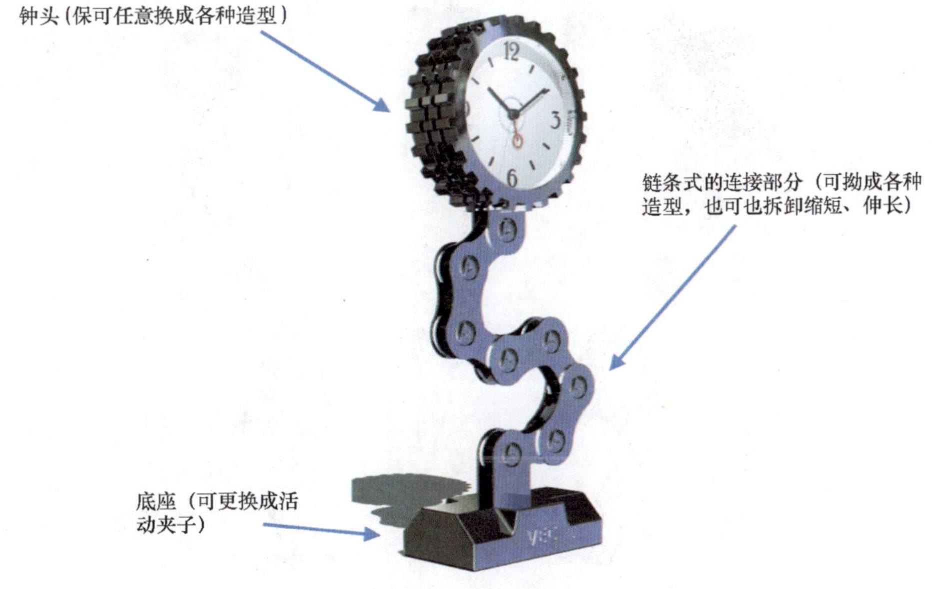

图 4-7 结构分析

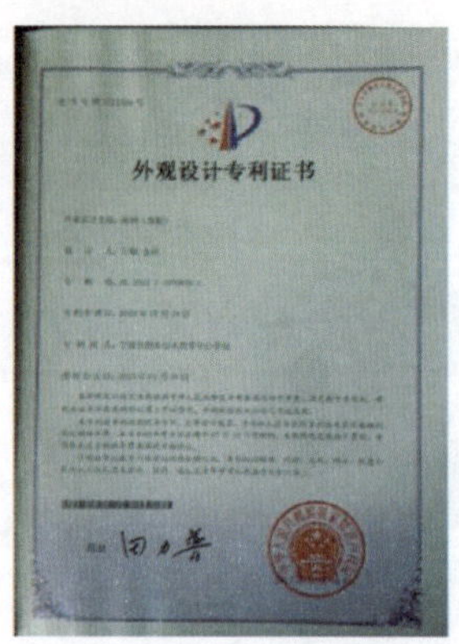

图 4-8　DIY 趣味闹钟外观设计专利证书

产品展示台

DIY 趣味闹钟从钟头到底座都可以 DIY，形成不同的系列，彰显独特的个性，使闹钟不仅仅可以用来掌握时间，更体现了一种掌握生活、自由惬意的生活态度。

以下是设计实例：

1）多变的钟头造型，如图 4-9 所示。

图 4-9　钟头造型

2）链条可拗成不同造型，如图 4-10 所示。

图 4-10　链条造型

3）底座可更换成夹子，如图 4-11 所示。

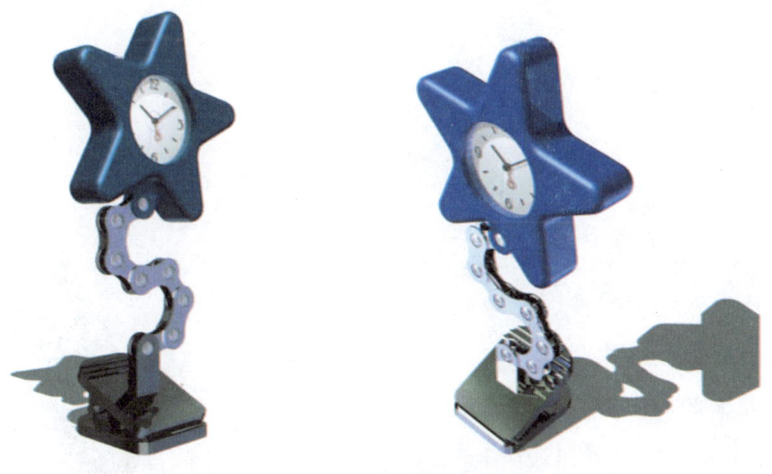

图 4-11　底座换成夹子

4）彩虹色系钟头如图 4-12 所示。

图 4-12　彩虹色系钟头

5）炫酷色系钟头如图 4-13 所示。

图 4-13 酷炫色系钟头

拓展训练

将图 4-14 所示的杯子设计改成油壶设计。

1）要求油壶有双重密封性。

2）要求油壶有回油结构。

3）要求油壶出油口为锥形。

参考设计图如图 4-15 和图 4-16 所示。

图 4-14 油壶

图 4-15 参考设计图(1)

图 4-16 参考设计图(2)

第二节 实用新型设计

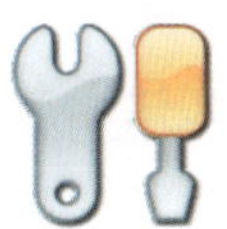

技能要求

1. 注意观察身边的物理现象，分析产生这些物理现象的原理，并且能够将这些物理知识应用到创新实践中。

2. 在产品设计过程中还要考虑电路的安全性，是否会对人体造成伤害，要求对设备的安全性进行理论认证及实践检验，并写出安全检测报告。

3. 能够针对产品的形状、构造、功能，提出适于实用的新的技术方案。

知识储备

实用新型专利又称小发明或小专利，是专利权的客体，是专利法保护的对象，是指依法应授予专利权的实用新型。实用新型专利证书如图 4-17 所示。

图 4-17　实用新型专利证书

我国《专利法》明确指出将实用新型作为专利保护的对象之一，规定实用新型专利是指产品形状、构造或者其结合所提出的适于实用的新的技术方案。该技术方案在技术水平上低于发明专利。

实用新型与发明的不同之处在于：第一，实用新型只限于具有一定形状的产品，不能是一种方法，也不能是没有固定形状的产品；第二，对实用新型的创造性要求不太高，而实用性较强。

产品的形状是指产品所具有的、可以从外部观察到的确定的空间形状。对产品形状所提出的技术方案可以是对产品三维形态的空间外形所提出的技术方案，如对凸轮形状、刀具形状做出的改进；也可以是对产品的二维形态所提出的技术方案，如对型材断面形状的改进。

产品的构造是指产品各组成部分的安排、组织和相互关系。产品的构造可以是机械构造，也可以是线路构造。机械构造是指构成产品的零部件之间的相对位置关系、连接关系和必要的机械配合关系等；线路构造是指构成产品的元器件之间的确定的连接关系。

本节以电路断电查找仪项目为例，具体讲解如何进行实用新型设计。

灵感来源

新闻链接(福州新闻网讯)：16日晚6点30分，随着“砰”的一声巨响，台江区洋中后巷一低压抛线因瞬间负荷过大，发生断路故障。顿时，附近100多户市民家中一片漆黑。凛冽的寒风一阵阵吹来，让人直哆嗦。可为了抢修方便，大家全脱去外套，穿着单薄的工作服紧张地工作着。拆除旧抛线、做接头、架设新抛线……各项抢修工作在紧锣密鼓地推进。时间一分一秒地过去，当晚8点多，洋中后巷才恢复供电。

随着现代科学技术的发展，人们生活中的电器、电子设备越来越普及，而电器、电子设备中存在着必不可少的电线。在日常生活中，电器、电子设备的故障是十分常见的，有时一个小小的电线断点也能造成它们的故障。其实处理这些故障十分简单，只要查找出断点的位置，进行一些简单的替换或接线就能完全修复。但是，一般遇到这些问题时，人们都以为是非常严重的故障而拿去维修店修理，既耗费了时间，又耗费了精力，如果有些设备储存着非常重要的资料，维修中还可能丢失。举一个简单的例子，耳机是生活中常用的设备，耳机故障很常见，如听不到声音等，其实这就是常见的线路断点故障。还有电缆的断点故障，如果一条电缆断点，将造成整个房间，甚至整幢楼停电。可以说，查找电缆断点是一个技术性难题，若能解决这一难题，将给人们带来很大的便利！针对这一难题，可以设计一种能够快速、简单、有效处理断点故障的仪器——电缆断点查找仪。

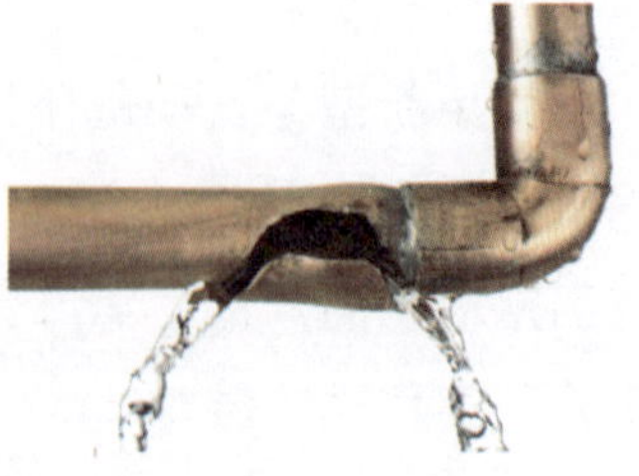

如何才能找到电缆断点的准确方位呢？我们联想到，当水管破裂时，水会从破裂处喷射出来，但是电是肉眼看不到的，如果有一种仪器能使得电流从电缆的破裂处“流淌”出来，就能够轻而易举地看到电缆的断点了。

设计方案

电缆断点查找仪设计有两个主要功能：通断指示功能和断点查找功能。

通断指示电路主要是以电压表的指针位置来确认电缆线路的通断，电压表接导线，若读数为零，则电线完好；若读数接近电源电压，则该导线发生断路。同时，也可以通过 LED 指示灯来观察线路的通断，当 LED 灯亮时，线路为通；当 LED 灯不亮时，线路不通，如图 4-18所示。

断点查找电路主要是利用高压放电原理，在电缆断点处形成肉眼可见的放电电弧，从而达到直观的观察效果，方便用户查找电缆断点，如图 4-19 所示。

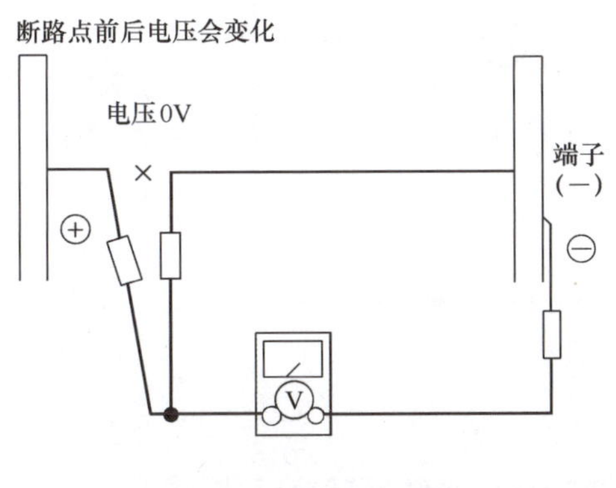

图 4-18　通断指示原理

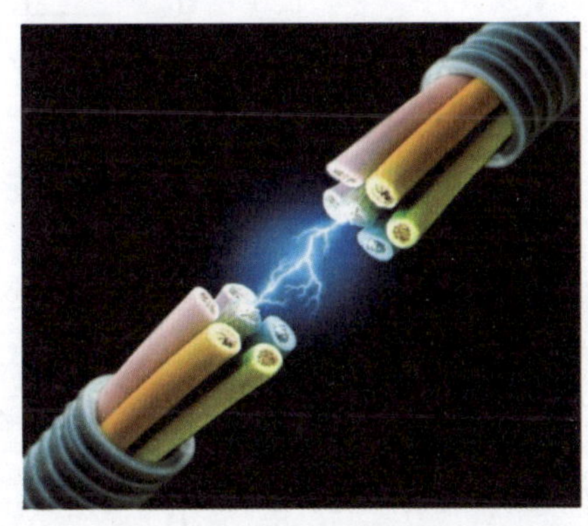

图 4-19　高压放电原理

电缆断点查找仪的设计制作需要做软件、硬件上的准备，还要进行成本预算和工期计划，见表 4-1。

表 4-1　电缆断点查找仪的设计制作计划表

准备工作		准备内容
软件	外观设计	图形图像软件——CAXA 实体设计 2015
	电路设计	电路设计软件——Protel DXP
硬件	材料	导线、箱体、绝缘板
	器件	电阻、电容、电感、变压器、各类接口
	工具	电钻、美工刀、钢直尺、螺钉旋具、万用表、电铬铁
成本预算		材料 40 元，器件 40 元
工期计划		设计 5 天，制作 10 天，调试 2 天

整个设计制作过程可以分为设计阶段、制作阶段、调试阶段和验收阶段，如图4-20所示。

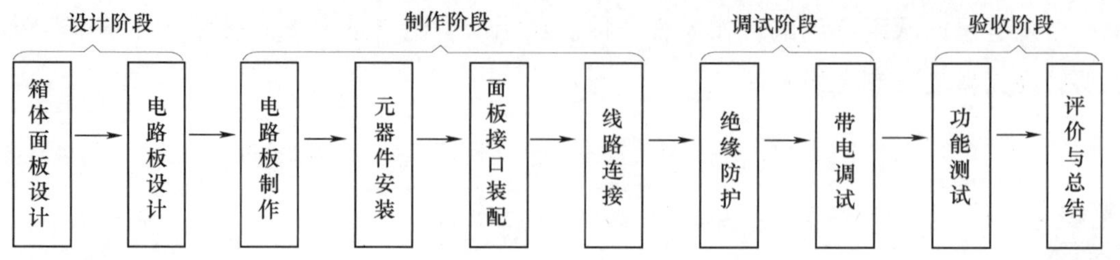

图 4-20 设计过程

下面将通过这四个阶段中的关键步骤来讲解电缆断点查找仪的设计制作过程。

1. 箱体面板设计

根据外部箱体尺寸设计仪器面板大小，合理布局电源开关、指示灯及各类电缆线的测量接口，如图 4-21 所示。

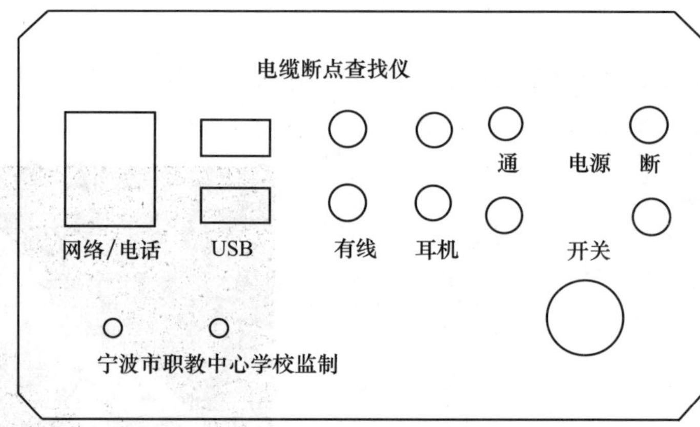

图 4-21 箱体面板设计

2. 电路板设计制作

电缆断点查找仪的电路主要由电压转换系统和通断检验系统两部分组成。

电压转换电路提供探测断点所需的高压电，主要由振荡电路和升压电路构成，如图4-22所示。当按下电源开关 S 时，由三极管 VT 和变压器 T 构成的高频振荡器通电工作，把 3V 的直流电变成 18kHz 左右的高频交流电，经 T 升压到约 800V(放电距离估测)，再经二极管 VD2~VD4、电容器 C1~C3 三倍压整流升高到的 2000V 左右。所获得的 2000V 高压可以使空气电离击穿产生电弧放电，通过放电位置即可准确地找到电缆断点位置。另外，该仪器共提供了 10 组高压输出口，可同时批量检测 10 根电缆线路的通断。电压转换电路的实物图如图 4-23所示。

通断检验电路的功能是快速检测电缆线的通断状态，用户只需将待测电缆的两端接入检测端口，然后按下通断检测按钮，就可以知道电缆的好坏。如图 4-24 所示，电路设有蜂鸣器与指示灯，当电缆线路完好，按下通断检测按钮时，蜂鸣器便会发出蜂鸣声，同时绿色指示灯亮起；反之，则蜂鸣器无声，指示灯不亮。

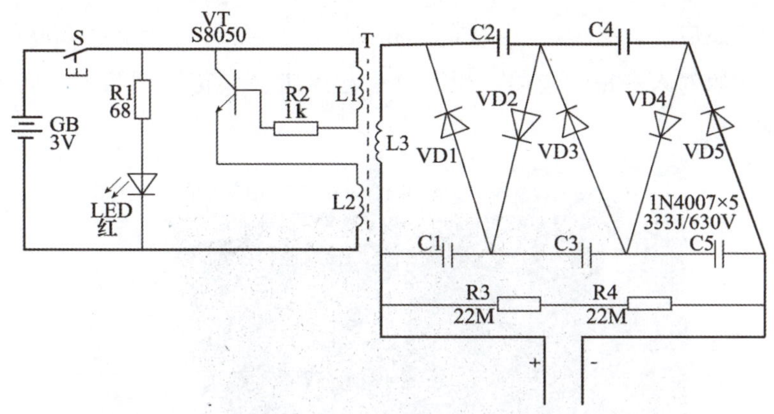

图 4-22　电压转换电路原理图

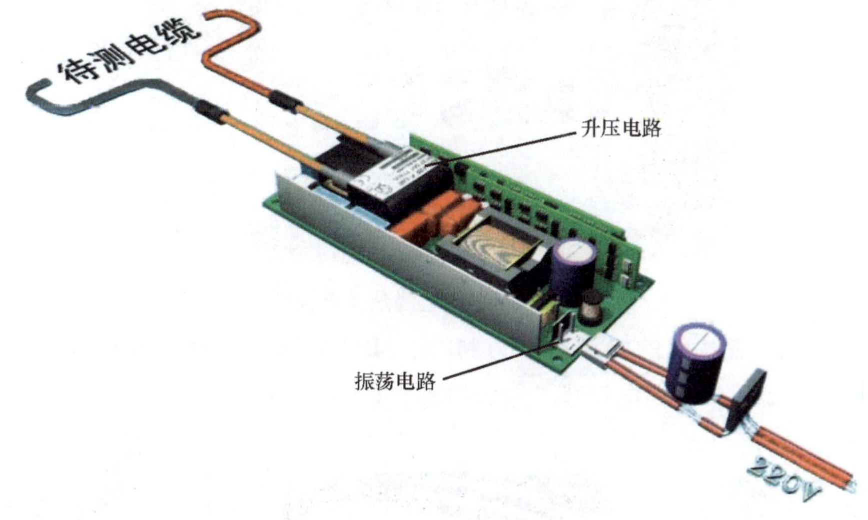

图 4-23　电压转换电路实物图

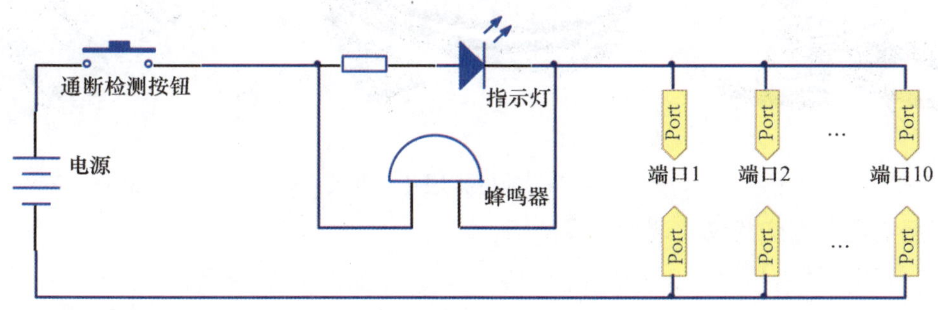

图 4-24　通断检验电路原理图

3. 调试与使用方法

由于电缆断点查找仪要满足不同的工作环境，因此分别制作了电缆断点查找仪的家用版及工业版。

（1）家用版　家用版电缆断点查找仪，如图 4-25 所示，包括小箱型外壳和小钳形夹，电路板连接电池和感应头，有 10 个电线插孔和 1 个小型电压源(电压为 2000V，功率为 5W)。因为其电流小，所以对人身是安全的，也不会引起火灾；火花识别简单，肉眼即可识别(打火点就是电线断点)。

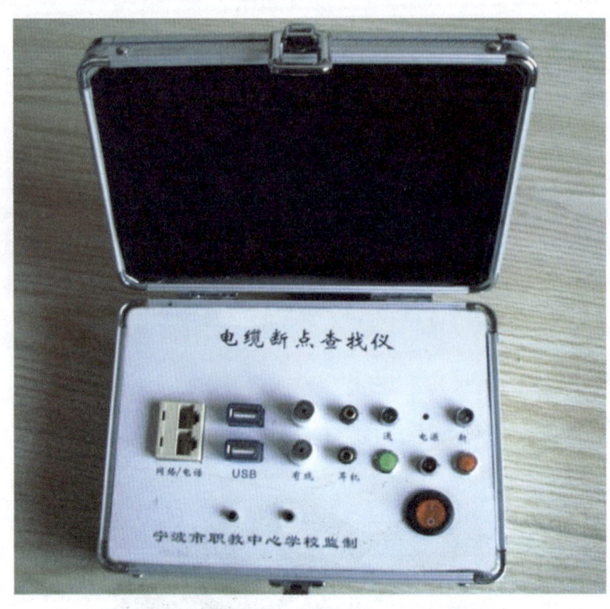

图 4-25　家用版电缆断点查找仪

家庭版电缆断点查找仪的检测对象为 MP3、MP4 的耳机、鼠标键盘线、手机充电器、接线板、网线、电源线、有线电视线、数据线等，如图 4-26 所示。

图 4-26　家庭常用各类电线

家庭版电缆断点查找仪的调试过程如下：

1）将仪器中的两根鳄鱼夹夹到被测电线的两端，如图 4-27 所示。

2）打开电源开关，按下测试按钮。

3）观察导线状态，如某处产生电弧放电，则此处即为断点，如图 4-28~图 4-30 所示。

(2) 工业版　现代城市中的各类电线、电缆已不再采用电线杆的架空方式安装，而是多深埋于地下，这样，市面上现有的电缆断点查找仪是很难检测电缆断点的。为此，对原有家庭版电缆断点查找仪进行了相应的升级和改造，研发了工业版电缆断点查找仪，如图 4-31 所示。

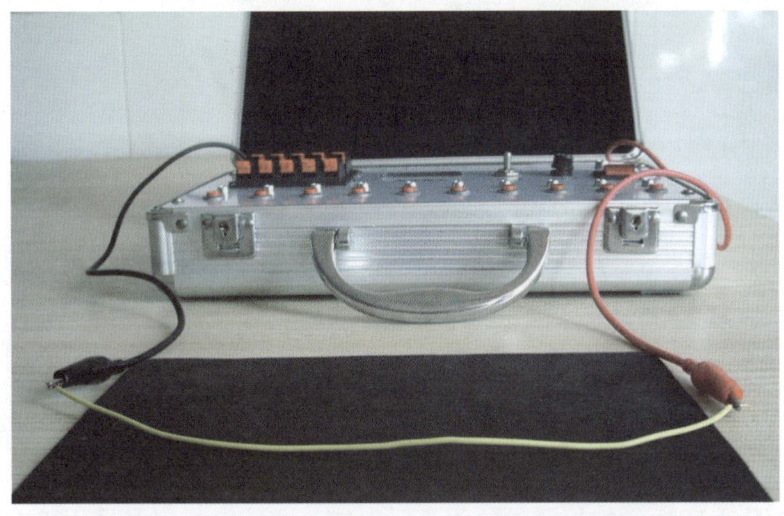

图 4-27　将待测导线两端分别用红、黑鳄鱼夹固定

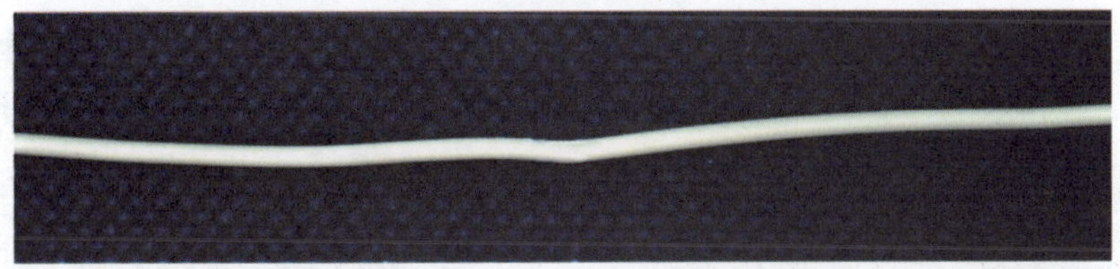

图 4-28　检测前导线外观完好，肉眼无法观察到断点

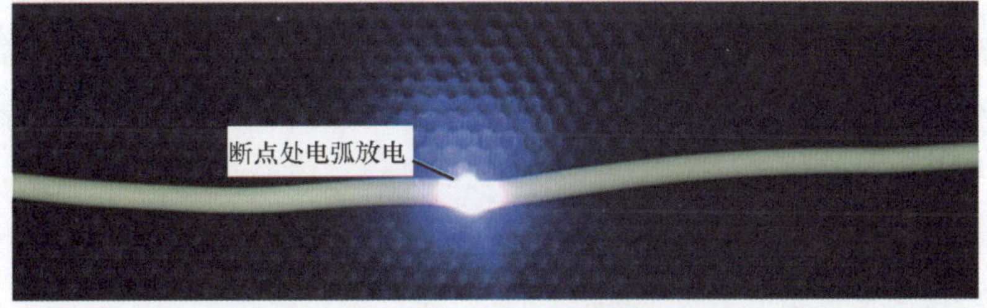

图 4-29　检测中被高压电击的导线断点处出现电弧放电

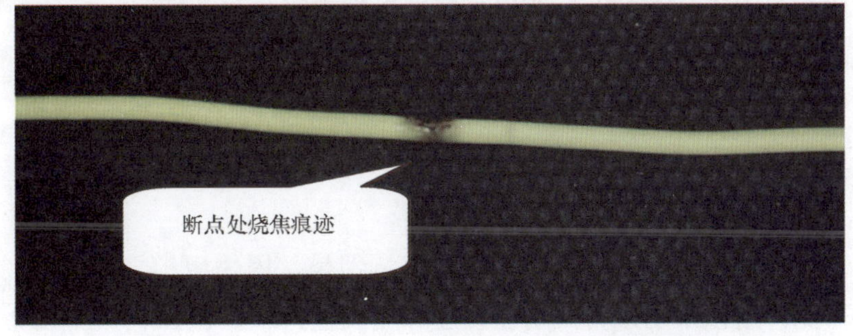

图 4-30　检测后被高压电击的导线断点处出现烧焦痕迹

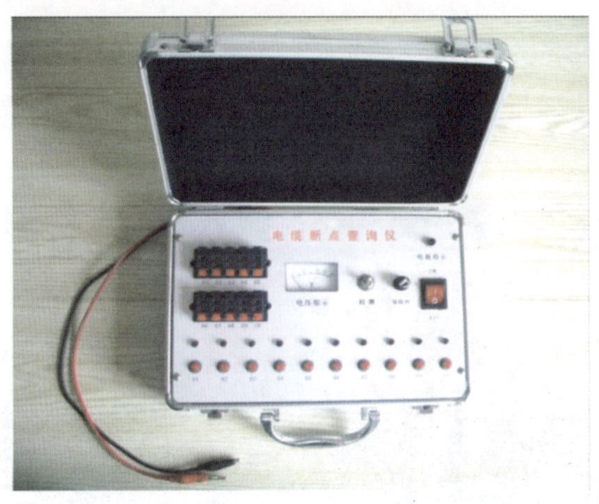

图 4-31　工业版电缆断点查找仪

工业版电缆断点查找仪的检测对象为高压电缆、通信电缆以及埋于墙内、地下的电力线，如图 4-32 和图 4-33 所示。

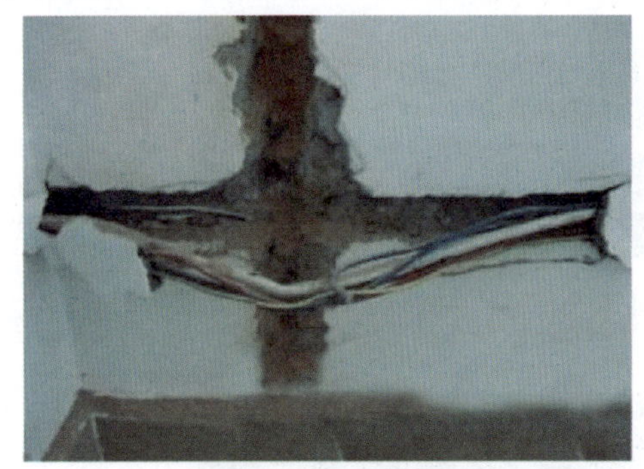

图 4-32　墙内电力线

图 4-33　地下电力线

工业版电缆断点查找仪包括仪表箱体和手持式断点感应探测仪两个部分。

仪表箱体部分主要为待测电缆提供高压脉冲，电压由家庭版的 2000V 提升为 600 万 V，以便探测仪能远距离地检测地下断点。

手持式断点感应探测仪（图 4-34）通过电磁感应原理来确定断点电弧放电位置。因为墙里或地下的电线是肉眼无法识别的，所以只能通过探测仪来查找断点。当探测仪屏幕上的感应值达到峰值时，即可识别断点就在附近。

工业版电缆断点查找仪的具体调试步骤如下：

1）将仪器中两根鳄鱼夹中的红色夹夹到被测电缆的一端，黑色夹接地。

2）打开电源开关，按下测试按钮。

3）此时，被测电缆的断点处会产生电磁波。但是，因为电缆深埋于地下，肉眼不可见，所以采用手持式断点感应探测仪进行断点扫描。

4）按下探测仪电源开关，探测仪发出开机提示声响（或开机振动提示），红色指示灯亮，表示电源已经接通，可进行探测工作。

图 4-34　手持式断点感应探测仪

5）探测时，手握住探测器手柄在被测电缆附近探扫，有断点时数值将突然变大。若探测仪发出“滴”的报警声响(或振动)，则此处为电缆断点，如图 4-35 所示。

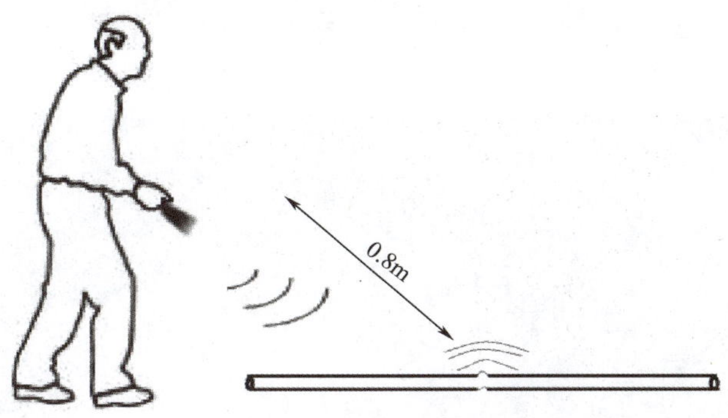

图 4-35　手持断点探测仪探测示意图

产品展示台

电缆断点查找仪这项发明由芦金寅、余达辉、徐明、王奇栋 4 位同学完成，已经在 2012 年 10 月取得实用新型专利，专利证书，如图 4-36 所示。

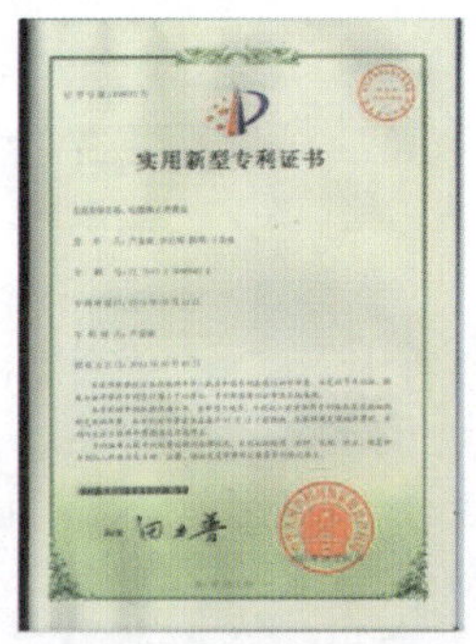

图 4-36　电缆断点查找仪实用新型专利证书

“生活中我们经常遇到这些麻烦：耳机耳麦缺一个声道，接线板有插口断电，网线因断点不通……而且因为找不到断点，这些物件只能报废。”芦金寅说，“如果能解决电线电缆的断点查找问题，让普通人也能完成断点再接，就可以给大家带来很大的便利。”就这样，几个学生在教师的指导下，利用课余时间和假期，在学校的实验室里“捣腾”了几个月，终于找到了解决问题的方法。

这项发明在 2012 年浙江省第四届中等职业学校学生创新创业大赛中获得一等奖，而且还参加了多个职业院校的学生技能作品展洽会。

“我一直在关注这类产品，没想到几个职高生的小发明把多用在工业上的设备生活化了。”用 56 万元买断这项发明的宁波光电器材有限公司的曹经理说，“这项小发明很有实用价值，预计投入生产的话，成本不过几十元，远低于市场上类似产品动辄上千元的价格，而且功能优于后者。”他还说：“买断发明的知识产权，一方面是看中它的市场潜力，另一方面也是对职高生创新创业的支持。”相关新闻报道如图 4-37 和图 4-38 所示。

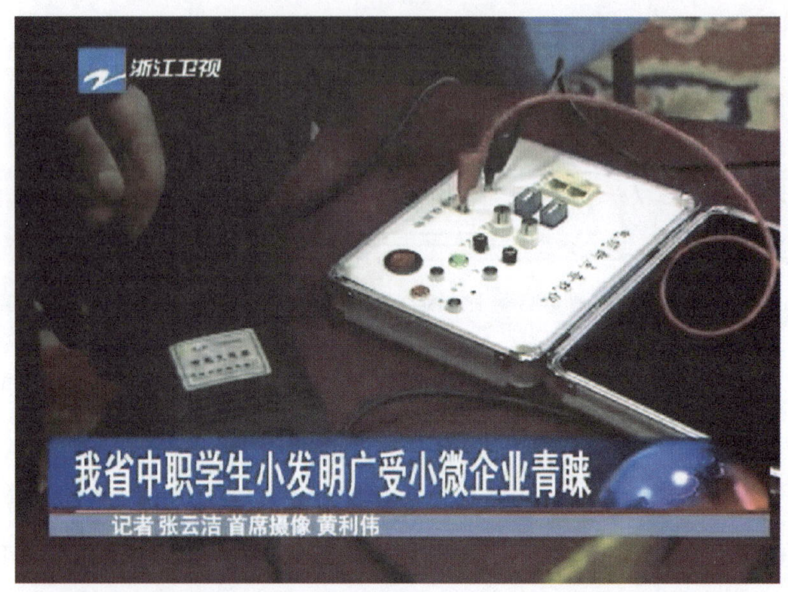

图 4-37 浙江卫视《浙江新闻联播》2012 年 3 月 15 日报道

图 4-38 宁波电视台《讲大道》2012 年 3 月 27 日报道

拓展训练

高压电是众所周知的危害人们生命安全的主要因素之一，但只要合理利用高压电，就可以“变害为利”。生活中的很多电器设备上都可以找到高压电的“身影”，小到打火机(图 4-39)、电蚊拍，大到负离子发生器、消毒柜等，这些电器设备的电路中都包含高压模块。生活中哪些东西原本是有危害的？如何能变“危害”为“有用”，帮助我们解决一些难题呢？请你开动脑筋想一想，想出几款“变害为利”的设计。

图 4-39　打火机

第三节　发明专利设计

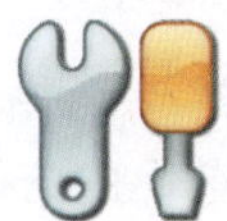

技能要求

1. 掌握设计优化的基本方法，能根据产品设计要求对产品进行测试，在分析测试结果的基础上，提出改进措施或更换方案，完成发明专利类产品的设计和制作。

2. 培养创新意识和创新思维，体会创新设计的全过程和环节，感受发明创造的乐趣。

知识储备

我国专利法规定，可以获得专利保护的发明创造有发明、实用新型和外观设计三种，其中发明专利是最主要的一种，发明专利证书如图 4-40 所示。

专利法所称的发明分为产品发明(如机器、仪器、设备和用具等)和方法发明(制造方法)两大类。对于某些技术领域的发明，如疾病的诊断和治疗方法、原子核变换方法取得的物质等都不授予专利权。计算机软件的发明，则要视其是否属于单纯的计算机软件或能够与硬件相结合的专用软件，加以区别对待，后者是可以申请专利保护的。至于涉及微生物的发明，也是可以申请发明专利的，但要按期提交微生物保藏证明。

1. 产品发明

产品发明(包括物质发明)是人们通过研究开发出来的关于各种新产品、新材料、新物质等的技术方案。专利法中的产品可以是一个独立、完整的产品，也可以是设备或仪器中的零部件。其主要内容包括制造品，如机器、设备；以及各种用品材料，如化学物质、组合物等具有新用途的产品。

图 4-40　发明专利证书

2. 方法发明

方法发明是指人们为制造产品或解决某个技术课题而研究开发出来的操作方法、制造方法及工艺流程等技术方案。方法可以是由一系列步骤构成的一个完整过程，也可以是一个步骤，它主要包括制造方法，即制造特定产品的方法；其他方法，如测量方法、分析方法、通信方法等；以及产品的新用途。

3. 可以申请发明专利的发明创造

一般来说，在进行技术开发、新产品研制过程中取得的成果，因其技术水平较高，都应申请发明专利。例如，对激光技术的应用进行开发研究，将激光全息或光栅光刻腐蚀方法用于合成皮革的制造，而研制出一种全息光栅合成皮革。那么，无论是这种皮革本身还是其制造方法均应申请发明专利。再如，用生化技术的方法研制出的药品，该药品和制造该药品的方法都应该申请发明专利。还如，某厂提出了改进空气压缩机的设计方案，该方案是可实现的，其实施后的效果将大大降低生产成本，提高机器性能，则该方案就可以提出申请发明专利。

申请发明专利的技术既可以是对某一学科或某一技术领域带来革命性变化的开拓型或开创型发明，也可以是在现有技术基础上加以局部改进和发展的改进型发明。

本节以“社区垃圾回收机器人”项目为例，来具体讲解如何进行发明专利设计。

灵感来源

夏天到了，由于天气炎热，同学们在学校中每天消费的各类饮料的数量猛增，而大量废旧饮料瓶的处理却成了大问题，小小的垃圾桶根本不能解决问题，收废品的人又不可以随意进入学校。每天大量的饮料瓶只能被倾倒在垃圾场里，很不环保。

在一次宿舍大扫除后，面对堆积如山的各种饮料瓶，小安同学突然有了创新的冲动，他很想发明一种能够放在室内的垃圾回收站，可以 24 小时不间断地回收垃圾，并且能够随时随地返还相应数量的现金。

图 4-41　自助饮料贩售机

他想到了放在实训车间门口的自助饮料贩售机(图 4-41)，它在夏天生意很火爆，投币即可出饮料，那能不能利用逆向思维发明一种与自助饮料贩售机功能相反的设备呢？投入搜集来的饮料罐，就可以出钱币？如图 4-42 和图 4-43 所示。

有了基本思路以后，小安同学又开始思考：设计出这个产品以后放哪里？有没有推广的价值？综合考虑可行性、实用性、便利性，小安同学打算以广告亭的形式来实现饮料罐的回收，如图 4-44 所示。

图 4-42　钱币变成饮料的过程

图 4-43　饮料罐变成钱币的过程

图 4-44　广告亭形式的饮料罐回收

1. 实施的可行性

在公共场所中，广告亭随处可见，如公交站、社区、医院、超市、学校等都普遍存在各种类型的广告亭，只要在广告亭中分割出 1/5～1/4 的空间，就可以实现饮料罐的回收。

2. 功能的实用性

由于广告亭大多地处繁华地段，人流量比较大，饮料罐等一系列可回收垃圾相对较多，普通垃圾桶往往不堪重负，所以在广告亭内部设置这样一种大型的饮料罐回收装置，既实现了公共环境的整洁卫生，又保证了广告收益和饮料罐的回收数量。

3. 使用的便利性

由于回收装置可 24 小时不间断工作，回收饮料罐时只需 2 到 3 秒，就可以实现兑换返还现金，给人们的生活带来了很大的便利。

设计方案

在进行设计之前，先要做好充分的准备，小安同学列了一张准备清单，见表 4-2。

表 4-2 “社会垃圾回收机器人”准备清单

准备工作		准备内容
软件	设计	三维造型设计软件——CAXA 实体设计 2015
	编程	单片机编程软件 KEIL
硬件	材料	有机塑料板、胶水
	器件	电动机、单片机电路、红外传感器
	工具	剪刀、镊子、螺钉旋具、万用表、电铬铁
成本预算		材料 20 元，器件 100 元
工期计划		设计 5 天，制作 10 天，调试 2 天

社区垃圾回收机器人项目的设计制作分成四个阶段：设计阶段、制作阶段、调试阶段和验收阶段，如图 4-45 所示。

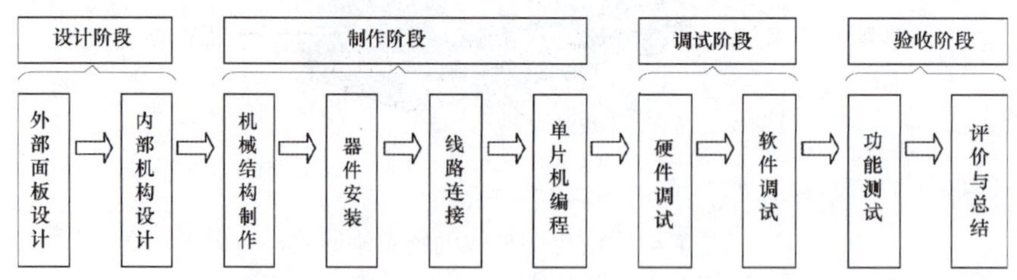

图 4-45 社区垃圾回收机器人设计制作阶段

设计阶段是整个项目设计的第一阶段，主要分为外部面板设计和内部机构设计。

1. 外部面板设计

小安同学和他的小伙伴们从网上找了很多机器人的图片，这些图片中的机器人形象各有特点，经过团队投票，从最后入选的五个人气图片(图 4-46)中，选取了存储容量大、外形时尚的机器人外形作为饮料瓶分类回收设备的外部面板，如图 4-47 所示。

图 4-46　备选图片

2. 内部机构设计

社区垃圾回收机器人的内部机构设计主要包括四个模块：外部箱体模块、传动机构模块、分类机构模块和吐币机构模块。

(1) 外部箱体模块　外部箱体的设计思路与普通的灯箱广告差不多，以现有的制造工艺是完全可行的，且可以植入广告。当红外传感器感知有用户靠近时，半圆形入口会以扇形方式向两侧打开，以方便用户投入饮料瓶。出币口会自动返还一定数量的硬币，其效果图如图 4-48 所示。有设计思路以后，首先用 CAXA 实体设计 2015 软件根据设计尺寸进行三维建模，过程如下：

图 4-47　社区垃圾回收机器人外形

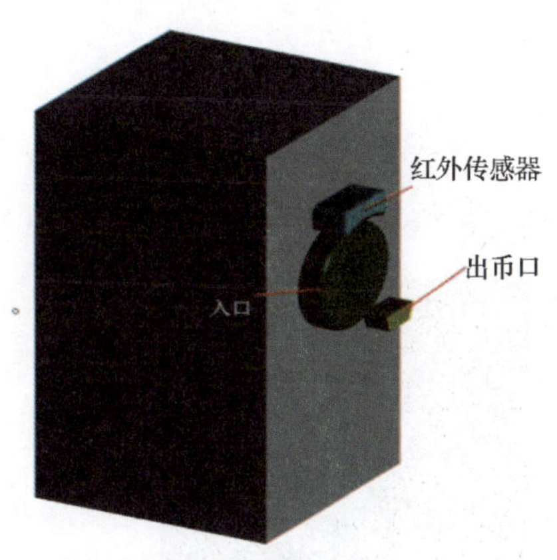

图 4-48　外部箱体效果

1）绘制草图，画一个 100mm×100mm 的正方形，如图 4-49 所示。

2）把正方形拉伸高度 220mm，生成长方体，如图 4-50 所示。

3）将图 4-51 所示上方的小凸台向外拉伸 15mm。

4）将图 4-52 所示下方的圆向内拉伸求差 15mm。

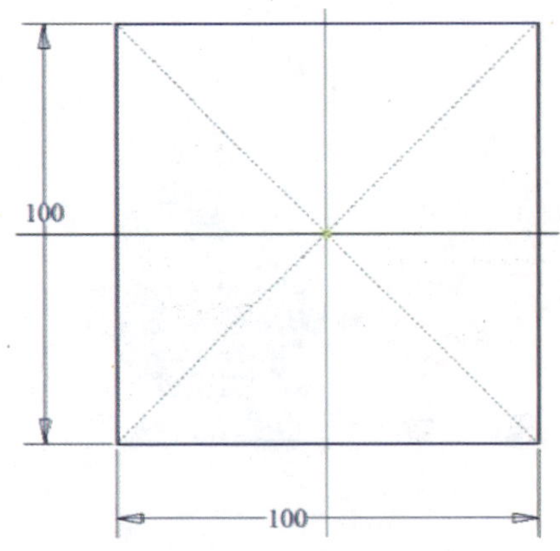

图 4-49 绘制正方形

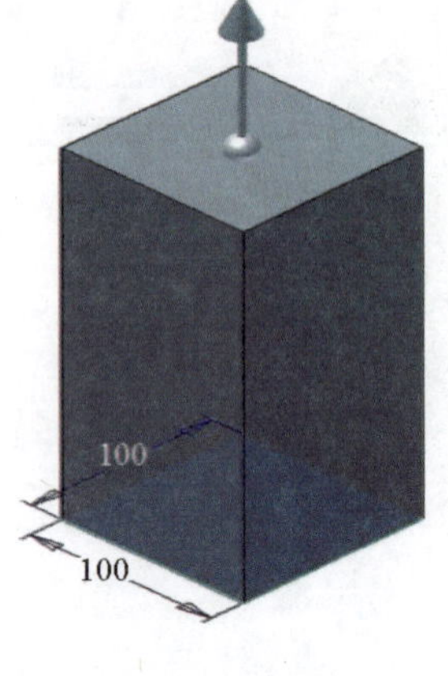

图 4-50 拉伸长方体

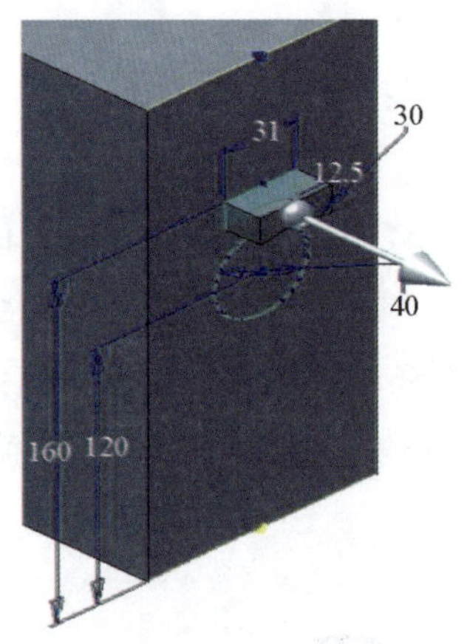

图 4-51 拉伸小凸台

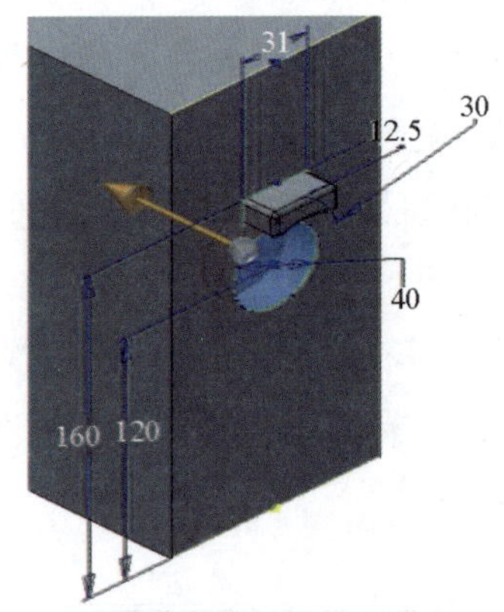

图 4-52 拉伸求差圆

5）画半径为 27mm 的半圆并拉伸 15mm，如图 4-53 所示。

6）同理，绘制对称的半圆块，如图 4-54 所示。

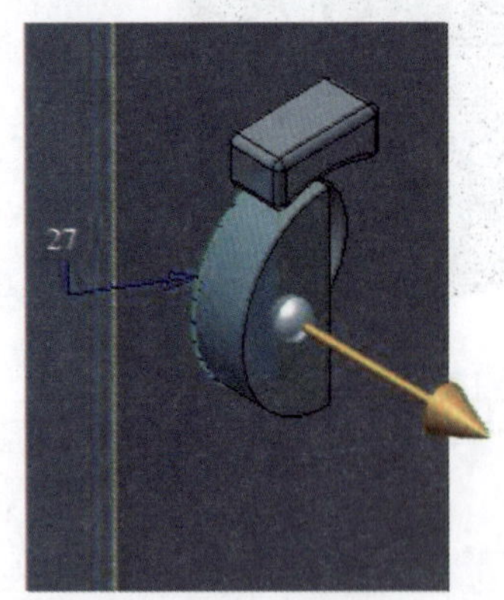

图 4-53 画圆并拉伸

图 4-54 绘制对称半圆块

7）按图 4-55 所示绘制出币口，并向外拉伸 10mm。

8）绘制出币口槽草图，边框向内偏移 1.5mm，如图 4-56 所示。

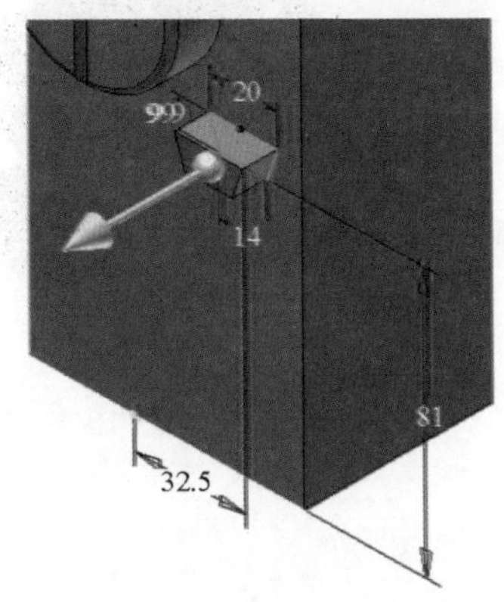

图 4-55　绘制并拉伸出币口

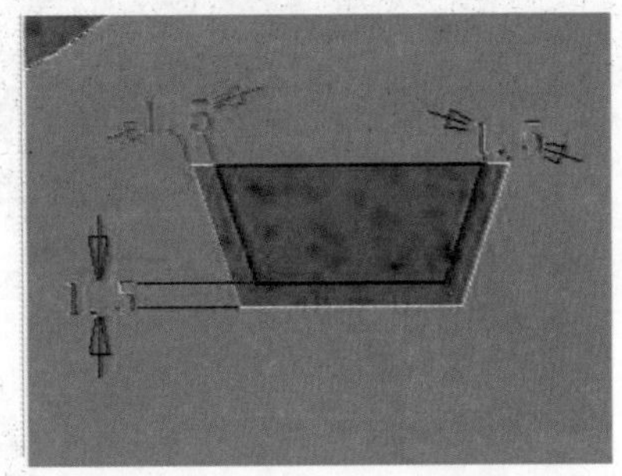
图 4-56　出币口槽草图

9）将上一步骤草图向内拉伸求差 50mm，如图 4-57 所示。

10）对细节部分进行倒圆处理，完成建模，如图 4-58 所示。

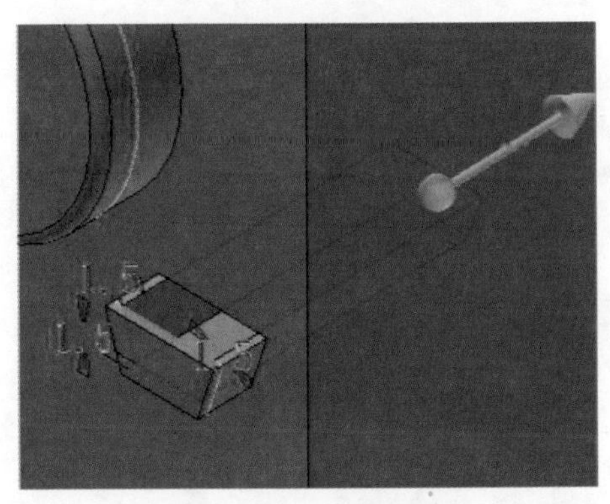
图 4-57　拉伸求差

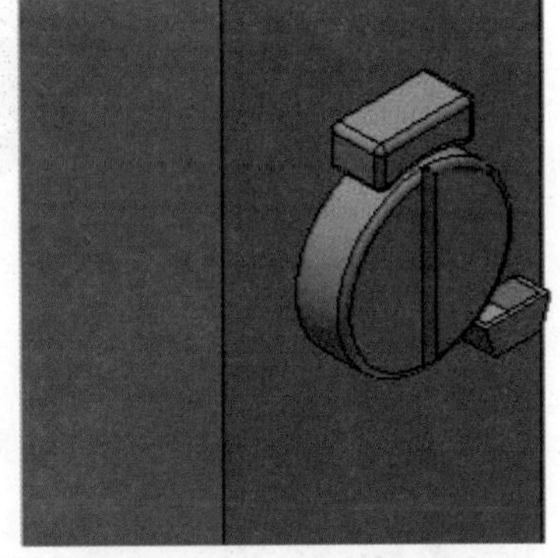
图 4-58　倒圆，完成建模

（2）传动机构模块　如图 4-59 所示，传动机构模块由两台电动机、两个带轮、一条传动带和护栏组成。当箱体上的入口打开到最大位置时，起动两台电动机，电动机旋转带动传动带持续移动，可将饮料瓶传送至末端的分类机构，进行饮料瓶材质分类处理。

（3）分类机构模块　如图 4-60 所示，分类机构模块由一台伺服电动机、一个塑料平台和金属传感器组成。分类机构的作用是对饮料瓶的材质进行识别并进行分类，当判断饮料瓶为金属材质时，平台在伺服电动机的带动下向左侧倾斜，将金属罐倒入左侧箱体内；当饮料瓶为塑料材质时，平台则会向右侧倾斜，将塑料罐倒入右侧箱体内，从而实现不同材质饮料瓶的自动分类。

（4）吐币机构模块　图 4-61 所示为吐币装置，它由储钱罐（储钱罐上有一个凹槽方便放入硬币）、一台硬币搅拌器、一根管道、一台伺服电动机、一块拨片及一些支架组成。

3. 机械结构的制作

（1）硬币搅拌器的制作过程（图 4-62）

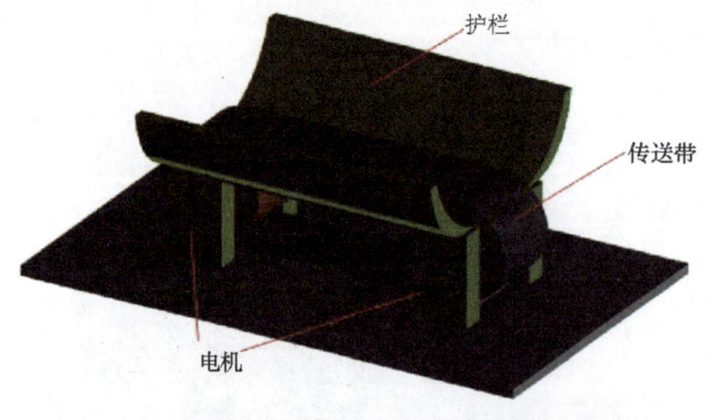

图 4-59　传动机构模块效果图

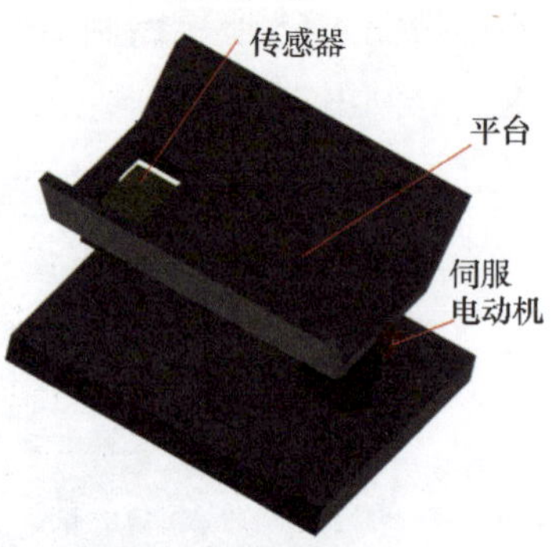

图 4-60　分类机构模块效果图

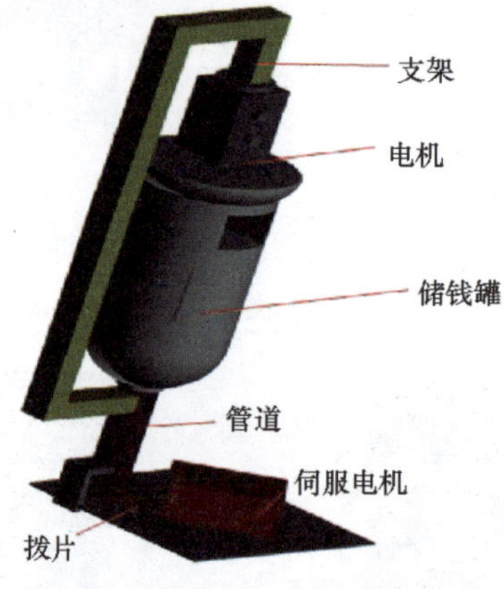

图 4-61　吐币机构模块效果图

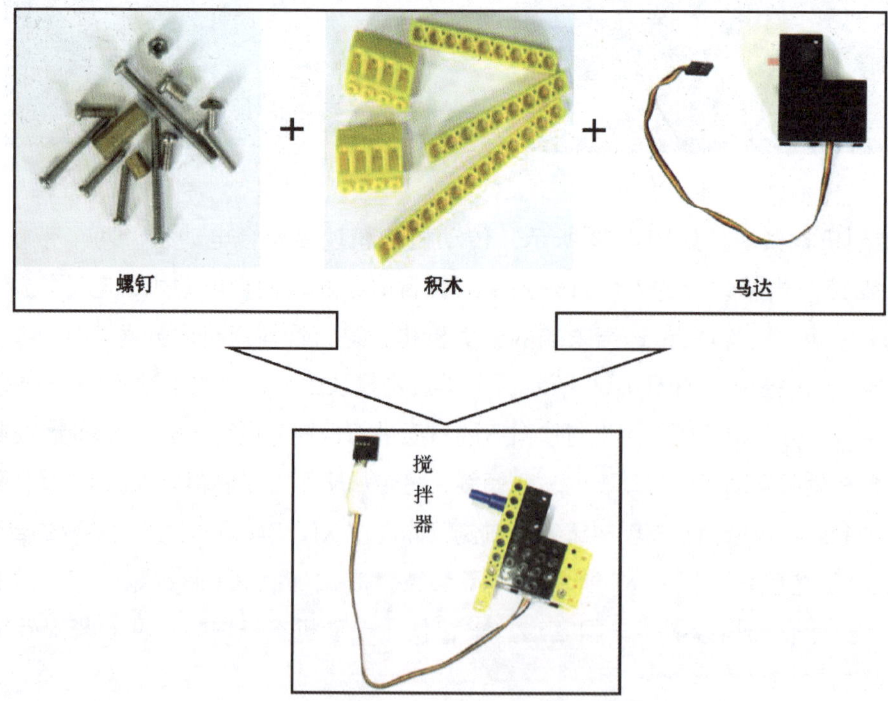

图 4-62　搅拌器的制作过程

(2) 储钱罐的制作过程　将一个普通矿泉水瓶按图 4-63 红线位置所示处理成三段：瓶盖、瓶身、瓶底，如图 4-64 所示。再用铁管、橡胶轮和胶布等材料(图 4-65)完成储钱罐的制作，瓶身上需要开个口子用来放入硬币(图 4-66)。

4. 器件安装

用扎带对搅拌器和储钱罐进行捆绑安装固定，如图 4-67~图 4-69 所示。

图 4-63　分段位置

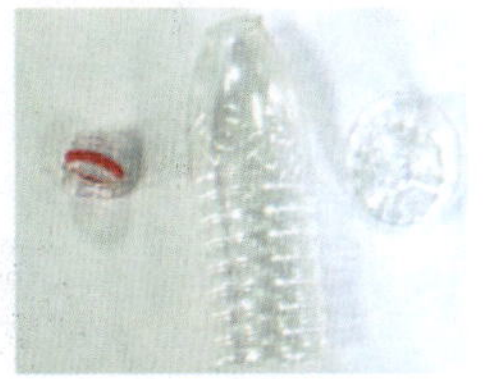

图 4-64　分成三段

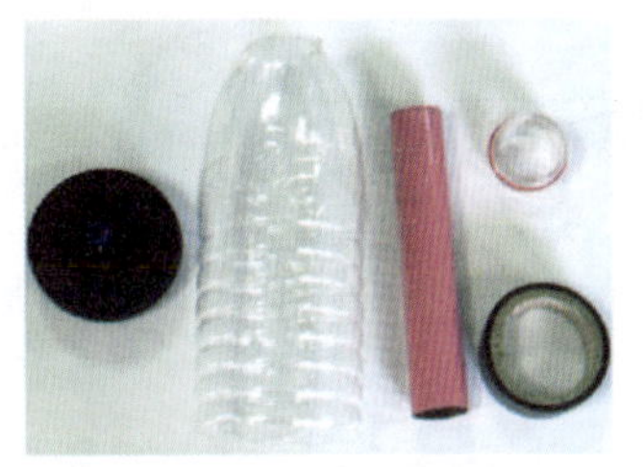

图 4-65　所用材料

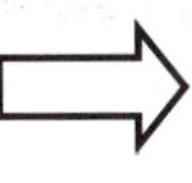

图 4-66　储钱罐

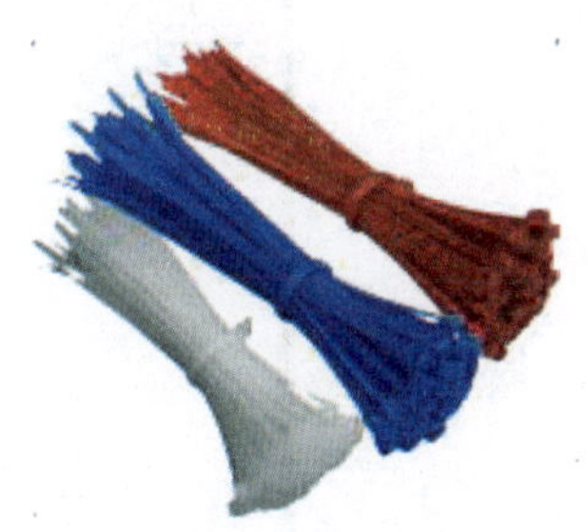

图 4-67　扎带

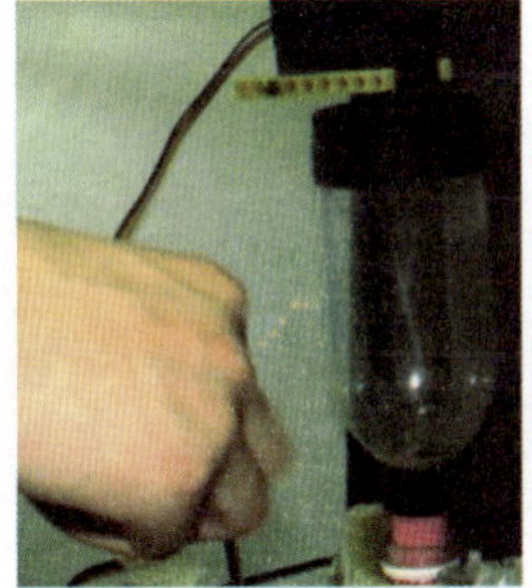

图 4-68　固定方法

图 4-69　固定结果

5. 线路连接

将搅拌器中电动机的电缆、传感器的电缆按照设计方案连接到单片机线路板中，如图 4-70所示。

注意：通电前须检查各线路的连接顺序，以防因电缆接反或接错而烧掉元器件。

6. 单片机编程

KEIL μVision 是美国 KeilSoftware 公司出品的单片机 C 语言软件开发系统，使用接近于传统C语言的语法来开发(图4-71)。KEIL C51标准C编译器为8051微控制器的软件开发提供了C语言环境，同时保留了汇编代码高效、快速的特点。C51编译器的功能不断增强，已被完全集成到μVision的集成开发环境中，这个集成开发环境包含编译器、汇编器、实时操作系统、项目管理器、调试器。

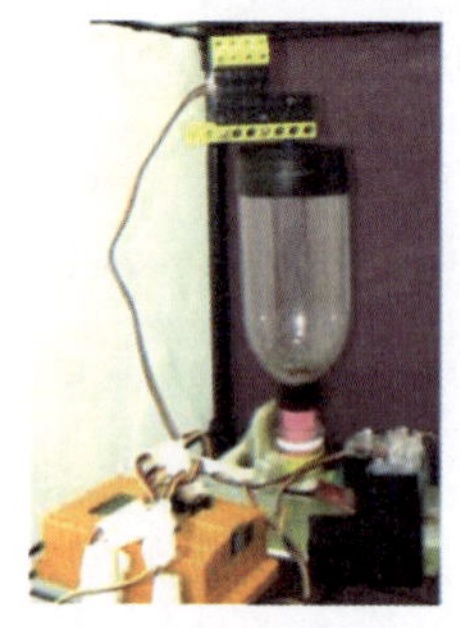

图4-70　线路连接

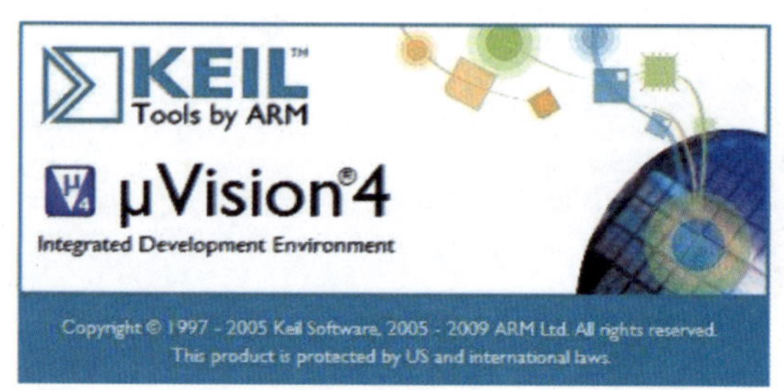

图4-71　KEIL μVision界面

社区垃圾回收机器人的回收易拉罐程序和吐币程序需要用KEIL μVision系统编程，编程界面如图4-72所示。

```
#include "HardwareInfo.c"
#include <SetLCDBack.h>
#include <SetServo.h>
#include <SetMotor.h>
#include <GetTouch.h>
#include <GetIRDist.h>
#include <SetLCD3Char.h>
#include <SetTenthS.h>

int main(void)
{
    unsigned char jc = 0;
    unsigned char cl = 0;
    unsigned char var0 = 0;
    unsigned char var1 = 0;
    unsigned char var2 = 0;
    unsigned int time = 0;
    unsigned int time02 = 0;
    SetLCDBack(1);
    SetServo(_SERVO_fenglei_, 89);
    SetMotor(_MOTOR_dianji01_, 1, 50);
    SetMotor(_MOTOR_dianji02_, 1, 50);
    while (1)
    {
        var1 = GetTouch(_TOUCH_open_);
        if ( var1==1 )
        {
            var2=1;
            while ( var2==1 )
            {
                SetMotor(_MOTOR_dianji01_, 0, 50);
                SetMotor(_MOTOR_dianji02_, 0, 50);
                jc = GetIRDist(_IRDISTANCE_jiance_);
                SetLCD3Char(1, jc);
                cl = GetIRDist(_IRDISTANCE_celiang_);
                SetLCD3Char(5, cl);
                if ( jc>=95 )
                {
                    SetTenthS(8);
                    SetMotor(_MOTOR_dianji01_, 1, 50);
                    SetMotor(_MOTOR_dianji02_, 1, 50);
                    cl = GetIRDist(_IRDISTANCE_celiang_);
                    SetLCD3Char(5, cl);
                    SetTenthS(5);
                    var0 = GetTouch(_TOUCH_panbie_);
                    if ( var0==1 )
                    {
```

图4-72　回收易拉罐和吐币编程界面

7. 调试阶段

调试的目的是通过调整硬件的物理属性及配置合理的软件参数，使得系统的运转达到最佳状态。

以储钱罐为例，其内的钱币在最初倒入时呈无规则的散乱排列(图 4-73)，经过搅拌轮的反复搅拌，最终在“出币筒”内形成有规则的圆柱形排列(图 4-74)，以达到流畅“出币”的要求。

然而，达到流畅出币的要求并非易事，需要对各个参数反复进行修改，如出币筒的直径，若直径太小，则会导致硬币卡在筒内；若直径太大，则可能导致硬币错位甚至翻滚，最终都会导致设备无法“出币”。

图 4-73　无规则排列

图 4-74　有规则排列

社区垃圾回收机器人设计、调试完成后，就可以实现回收、分类、吐币功能。实物效果图如图 4-75 所示。

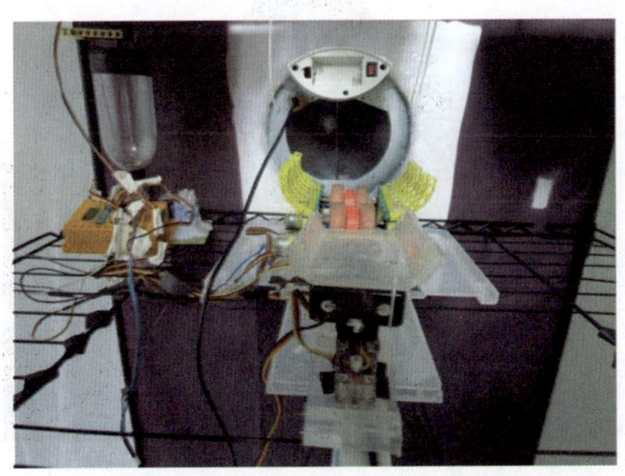

图 4-75　社区垃圾回收机器人内部结构实物效果图

8. 验收阶段

验收阶段主要是进行功能测试及评价。功能测试及评价是对设备的功能和性能进行定量、客观检测诊断的补充和完善，检测项目见表 4-3。

表 4-3　社区垃圾回收机器人检测项目表

检测项目		设计数据	实测数据	偏差	检测人	评价及改进措施和方案
检测指标	精度					
	强度					
	外观					
	安全					

产品展示台

社区垃圾回收机器人的设计制作充分体现了制作者的善于观察、勤于思考，他们以突破常规的逆向思维方式，巧妙地革新了现有易拉罐和饮料瓶的传统回收模式，实现了饮料瓶的自助回收，如图 4-76 所示。

图 4-76　社区垃圾回收机器人的使用

社区垃圾回收机器人由刘伟、周海波、张祖航和陈灵锋四位同学在教师的指导下合作完成。这项发明在 2014 年浙江省第六届中等职业学校学生创新创业大赛中获得一等奖，而且还参加了多个职业院校学生技能作品展洽会，如图 4-77 所示。

图 4-77 社区垃圾回收机器人参加展洽会

拓展训练

利用逆向思维设计一种球类设备，使其与发球机的功能相反，如图 4-78 和图 4-79 所示。

图 4-78 乒乓球发球器

图 4-79 乒乓球的路径

提示：分析发球器的工作过程，思考乒乓球的运动路径。

第五章

专利申请三部曲

创新人才培养是提高我国科技创新能力的基础工程。人人接受创新教育，人人学会创新思维，人人参加创新实践，人人具备创新能力。近几年，很多学校十分重视创新教育，参与各种创新活动在全国各类创新设计比赛中取得了可喜的成绩，有些作品很有实用价值，那么怎样保护这些科技成果呢？这就涉及知识产权问题。知识产权是指对智力劳动成果所享有的占有、使用、处分和收益的权利，是受国家法律保护的，而专利则是知识产权的重要组成部分。

第一节　专利检索

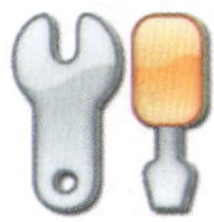

技能要求

1. 了解专利的概念和分类。
2. 了解专利检索的概念和意义。
3. 了解专利申请的基本步骤。

知识储备

专利是专利权的简称，它是国家按专利法授予申请人在一定时间内对其发明创造成果所享有的占有、使用、处分和收益的权利。在我国，专利包括发明专利、实用新型专利和外观设计专利。现举一个简单的例子来说明这三者的区别：电话机的研制可以申请发明专利；将台式电话机改为壁挂式电话机，可以申请实用新型专利；而卡通电话机(如把一只电话机做成老鼠的模样)则可以申请外观设计专利。

专利检索就是根据一项或数项特征，从大量的专利文献或专利数据库中挑选符合某一特定要求的文献或信息的过程。由于全世界的专利众多，且具有优先权的特征，任何人都不能

保证自己的想法是世界上独一无二的，你能想到的发明专利，别人很有可能也想到了。所以，任何个人和企业在申请专利前，都应认真检索自己的想法是否已经被别人实现，该专利是否已经出现在世界各大专利局的数据库中。

在研制开发一个新产品之前，进行充分的市场调研，查阅有关的科技期刊、杂志等科技资料，是新产品研发人员通常要做的事情。首先，通过专利检索，可以判断科研立项的必要性。专利研究和申请切不能存有侥幸心理，据不完全统计，各国因未查阅专利文献、使研究课题失去价值，每年造成的损失数以十亿计，间接损失就更多了。我国在“七五”期间，大众企业的近万个课题中约有 2/3 都是重复研究。再次，专利检索成为专利人和企业之间的一座桥梁，可以推动专利的转化。专利人只需提供专利名称、专利人姓名、专利号等其中任何一项，企业就可以通过专利检索来查询专利的真实性和法律状态。

打开网络浏览器，输入国家知识产权局专利查询网址 http：//www. sipo. gov. cn/zljs/，进入专利检索页面。在名称一栏输入关键字，其他内容可不填，单击检索按钮，如图 5-1 和图 5-2 所示。

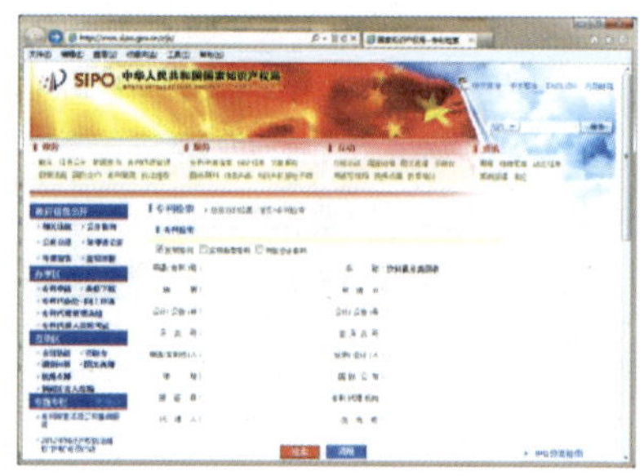

图 5-1　检索页面(1)

图 5-2　检索页面(2)

知识小百科

发　明

我国《专利法》第二条第一款对发明的定义是：“发明是指对产品、方法或者其改进所提出的新的技术方案。”

所谓产品是指工业上能够制造的各种新制品，包括有一定形状和结构的固体、液体、气体之类的物品。所谓方法是指对原料进行加工，制成各种产品的方法。发明专利并不要求是经过实践证明可以直接应用于工业生产的技术成果，它可以是一项解决技术问题的方案或是一种构思，具有在工业上应用的可能性，但这也不能将这种技术方案或构思与单纯的提出课题、设想相混同，因为单纯的课题、设想不具备在工业上应用的可能性。

实用新型

我国《专利法》第二条第二款对实用新型的定义是："实用新型是指对产品的形状、构造或者其结合所提出的适于实用的新的技术方案。"同发明一样，实用新型保护的也是一个技术方案。但实用新型专利保护的范围较窄，它只保护有一定形状或结构的新产品，不保护方法以及没有固定形状的物质。实用新型的技术方案更注重实用性，其技术水平较发明而言要低一些，多数国家实用新型专利保护的都是比较简单的、改进性的技术发明，可以称为"小发明"。

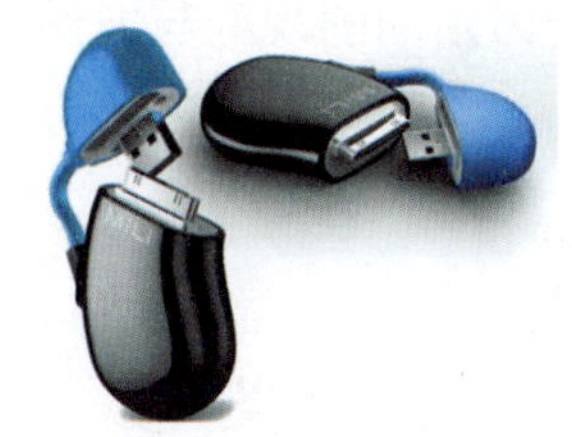

外观设计

我国《专利法》第二条第三款对外观设计的定义是："外观设计是指对产品的形状、图案或其结合以及色彩与形状、图案的结合所作出的富有美感并适用于工业应用的新设计。"并在《专利法》第二十三条对其授权条件进行了规定："授予专利权的外观设计，应当不属于现有设计；也没有任何单位或者个人就同样的外观设计在申请日以前向国务院专利行政部门提出过申请，并记载在申请日以后公告的专利文件中。"相对于以前的专利法，最新修改的专利法对外观设计的要求提高了。

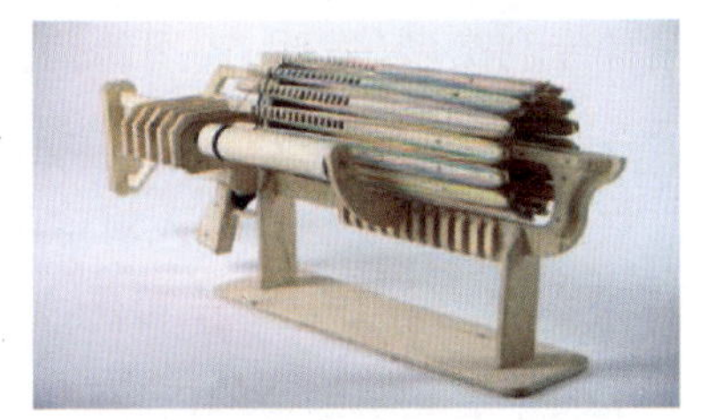

申请专利是保护研发成果极为重要的法律手段。国家知识产权局在决定是否授予一项发明或产品专利权时，只根据专利授权三原则(创造性、实用性、新颖性)判断专利是否可以授权，而并不看申请人是否具备研发能力。因此，研发成果如果不申请专利保护，将随时有被他人先申请先保护的风险，如果流失的技术被第三方申请专利并获得授权，研发单位或个人将不得不面临巨大的技术风险和市场危机。

专利申请实行国际通用的代理制度，且申请审批有时效性限制，委托非专业代理申请专利极易造成专利技术重点保护的缺失，并造成权利要求无法覆盖技术要点。关于专利保护期限，国内的专利制度同世界各国专利制度一样采用限时授权政策，发明专利的保护期限定为20年，实用新型和外观专利的保护期限为10年。

申请专利时，作品要在国家法律保护范围内。以下所列内容则不授予专利权：

1）违反国家法律、社会公德或妨害公共利益的发明。

2）违背科学规律的发明。

3）用原子核变换方法获得的物质。

4）科学发现。

5）动植物新品种(我国有专门的动植物品种保护条例)。

6）疾病的治疗及诊断方法。

7）智力活动的规则与方法。

新手学步

申请专利是一种法律程序，申请专利的发明人要想快而稳妥地获得专利权，取得法律上的保护，可委托专利事务所的专利代理人为其提供法律和技术上的帮助，发明人一旦与专利代理人建立委找代理关系，专利代理人将是其技术顾问和专利律师。

委托专利代理机构申请专利一般需要经过以下步骤。

(1) 咨询　确定发明创造的内容是否属于可以申请专利的内容；确定发明创造的内容可以申请哪一种专利类型(发明、实用新型、外观设计)。

(2) 签定代理委托协议　签定代理协议的目的是明确申请人和专利代理机构之间的权利和义务，主要是约束专利代理人对申请人的发明创造内容负有保密的义务。

(3) 技术交底　申请人向专利代理人提供有关发明创造的背景资料或委托检索有关内容；申请人详细介绍发明创造的内容，帮助专利代理人充分理解发明创造的内容。

(4) 确定申请方案　代理人在理解发明创造的基础上，会对专利申请的前景做出初步的判断，对专利授权可能性很小的申请将建议申请人撤回，此时代理机构将收取少量咨询费，大部分申请代理费用将返还申请人。若专利授权前景较大，专利代理人将提出明确的申请方案、保护的范围和内容，在征得申请人同意的条件下开始准备正式的申请工作。

(5) 准备申请文件　包含撰写专利申请文件、制作申请书文件、提交专利申请并获取专利申请号。

(6) 审查　中国专利局会对专利申请文件进行审查，在审查过程中，专利代理人会进行专利补正、意见陈述、答辩、变更等工作。如有需要，申请人应该配合专利代理人完成以上工作。

(7) 审查结论　中国专利局根据审查情况将会作出授权或驳回审查结论，这一过程的时间一般为：外观设计 6 个月左右，实用新型 10~12 个月，发明专利 2~4 年。

(8) 办理专利登记手续或复审请求　如果专利申请被授权，则根据专利授权通知书的要求办理登记手续，领取专利证书；如果专利申请被驳回，则根据具体的情况确定是否提出复审请求。

至此，专利申请过程结束。专利申请流程图如图 5-3 所示。

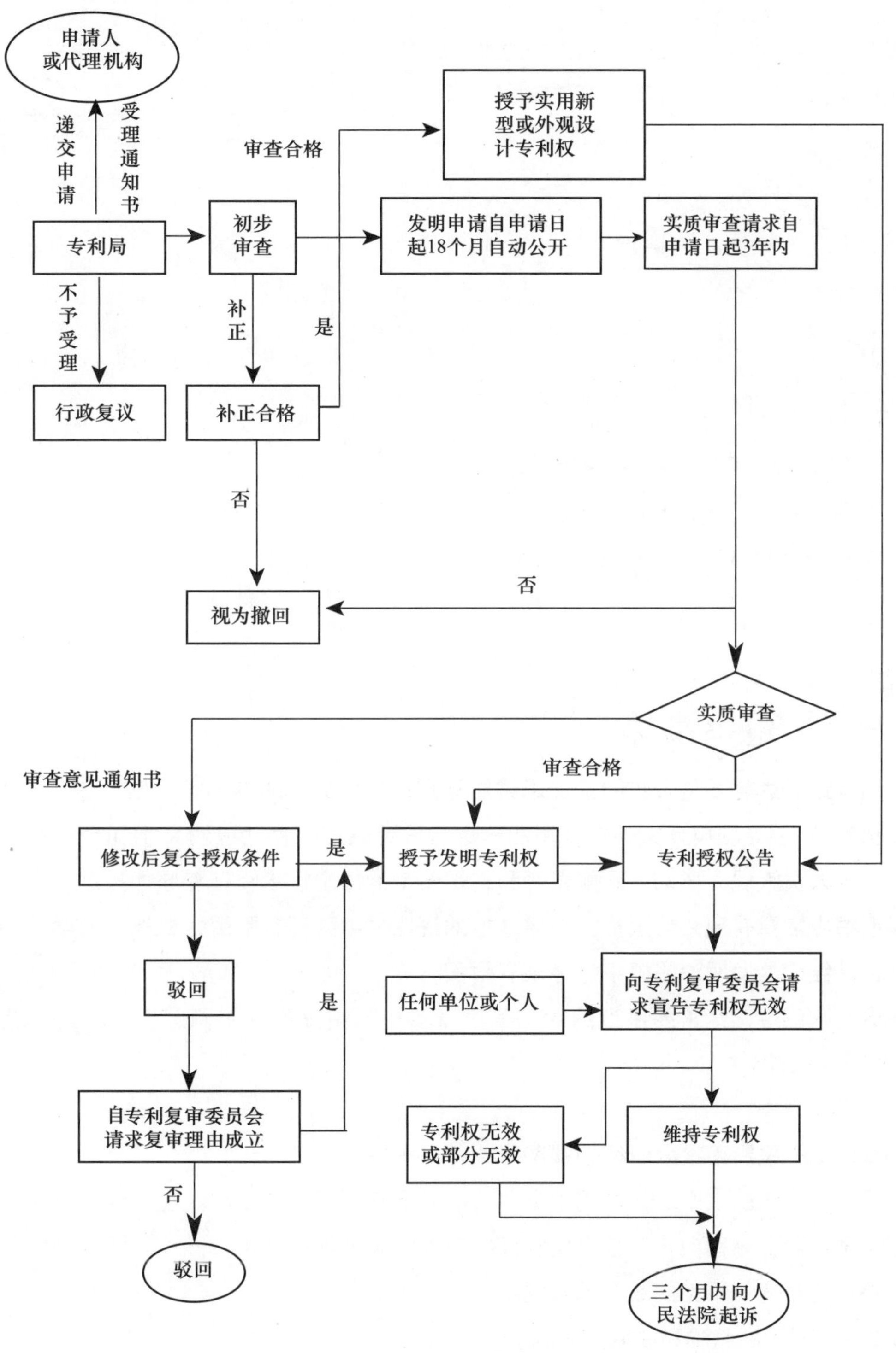

图 5-3　专利申请流程图

第二节 设计表达

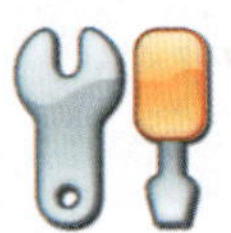

技能要求

1. 了解基本视图的概念和投影关系。
2. 了解向视图的概念和投影关系。
3. 了解专利申请中的设计表达方法。

知识储备

产品设计表达需要将人脑的设计思维结果用图样的方式表达出来，常言道：“图样是工程师的语言。”在专利申请文件中，用图样进行设计表达，补充说明文字部分的描述，帮助本领域技术人员直观、形象地理解发明和实用新型的每个技术特征和整体技术方案。外观专利的说明书中需要有图片或照片，实用新型的说明书中必须有附图，机械、电学、物理领域中涉及产品结构的发明说明书中也必须有附图。

在这些附图中，经常要用到的除了第三章第一节中提到的轴测图外，主要是基本视图（六视图）和向视图。

一、基本视图

物体向基本投影面投射所得的视图称为基本视图。

采用正六面体的六个面作为基本投影面，将物体放在正六面体中，由前、后、左、右、上、下 6 个方向，分别向 6 个基本投影面投射得到 6 个视图，再按图 5-4 所示的展开方法展开，便得到位于同一平面的 6 个基本视图。

6 个基本视图的名称和投射方向为：

1）主视图：由前向后投射所得的视图。

2）俯视图：由上向下投射所得的视图。

3）左视图：由左向右投射所得的视图。

4）右视图：由右向左投射所得的视图。

5）仰视图：由下向上投射所得的视图。

6）后视图：由后向前投射所得的视图。

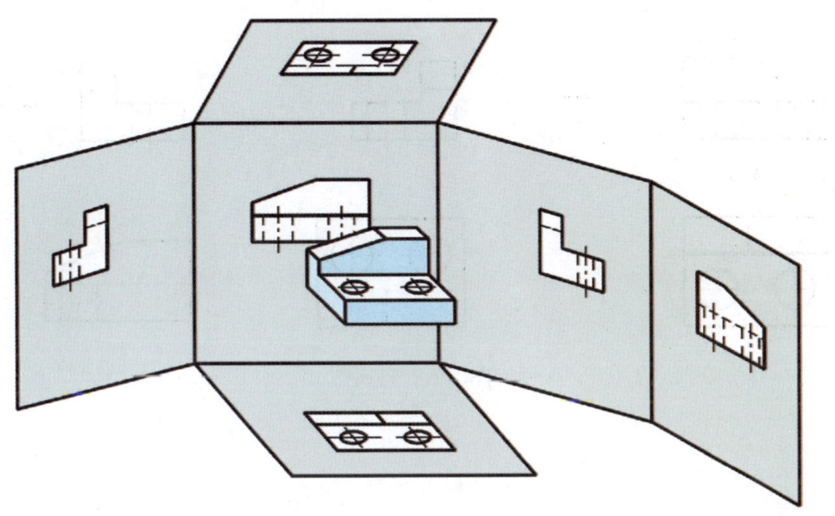

图 5-4　基本视图

基本视图的配置关系如图 5-5 所示。在同一张图纸上按图 5-5 所示配置视图时，一律不标注视图的名称。

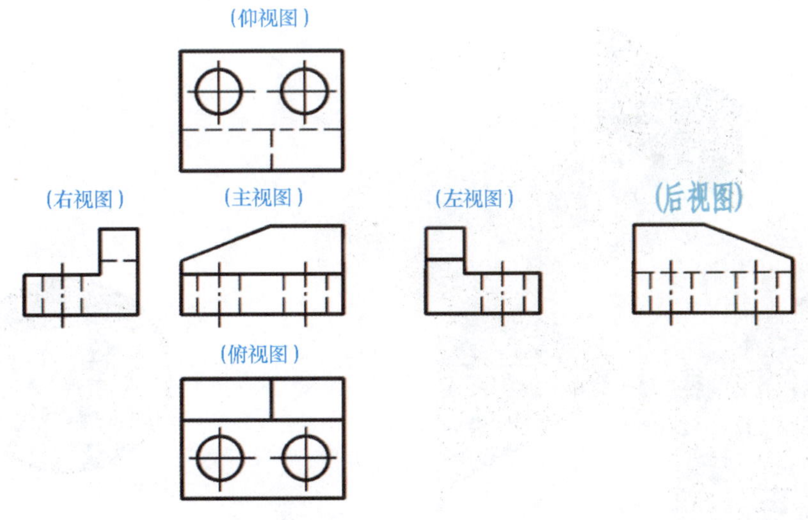

图 5-5　基本视图的配置关系

6 个基本视图之间仍符合“长对正”“高平齐”“宽相等”的投影关系。

基本视图主要用于表达零件在基本投射方向上的外部形状。在绘制图样零件时，应根据零件的结构特点，按实际需要选用视图。一般应优先考虑选用主、俯、左 3 个基本视图，然后再考虑其他基本视图，总的要求是表达完整、清晰，又不重复，使视图数量最少。

二、向视图

向视图是可自由配置的视图。在采用这种表达方式时，应在向视图的上方标注“×”（“×”为大写拉丁字母），在相应视图的附近用箭头指明投射方向，并标注相同的字母，如图 5-6 所示。

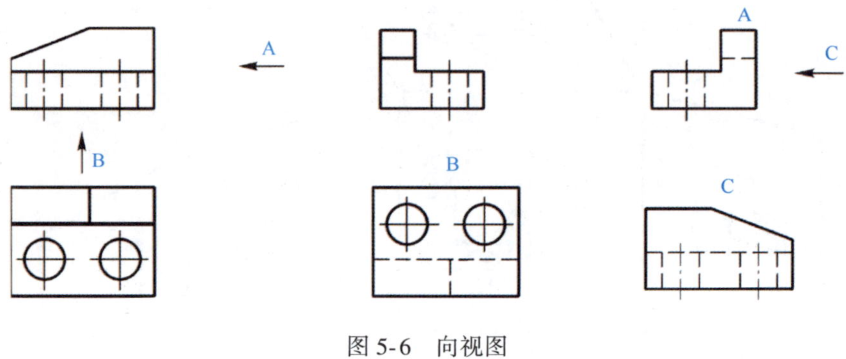

图 5-6 向视图

新手学步

刘小勇同学设计了一张隐藏式电脑桌，其正面结构、背部设计如图 5-7 和图 5-8 所示。在申请专利的时候，除了正面结构图和背面结构图外，还需要提供 6 视图来全面展示产

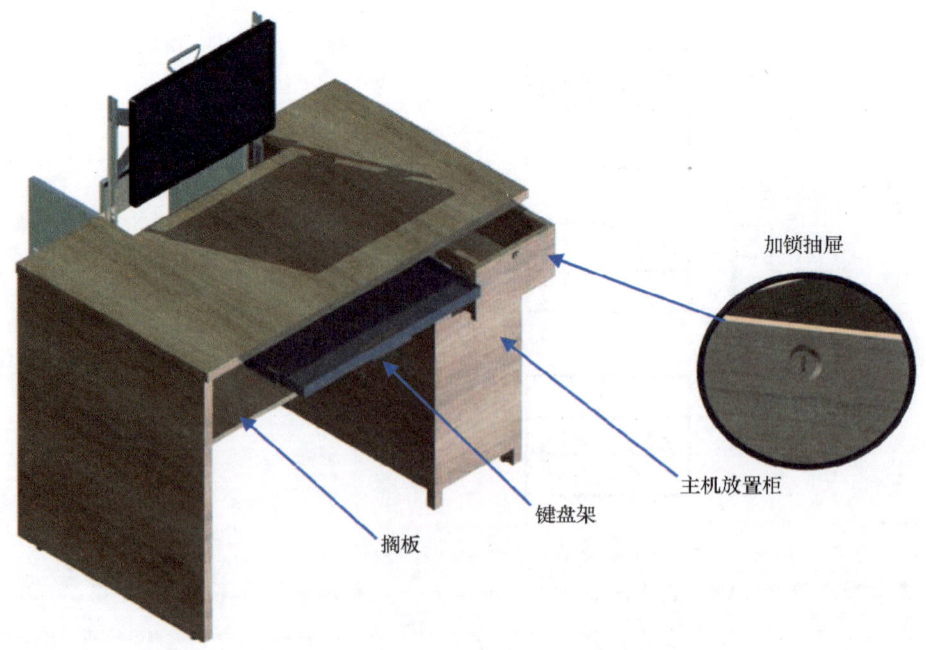

图 5-7 隐藏式电脑桌的正面结构

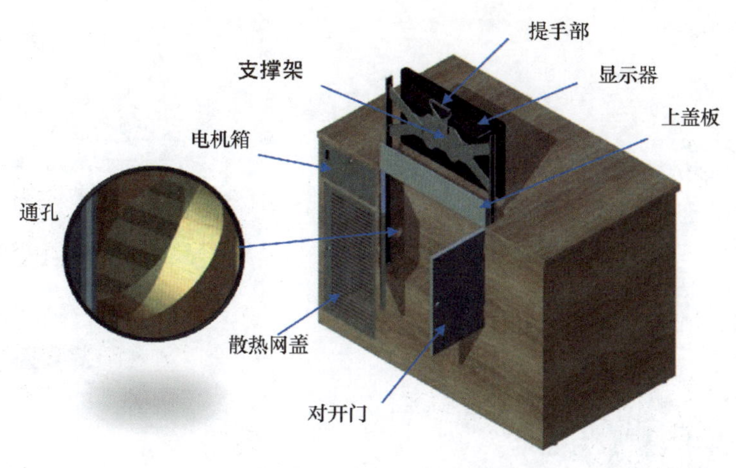

图 5-8 隐藏式电脑桌的背部结构

品，如图 5-9 所示。

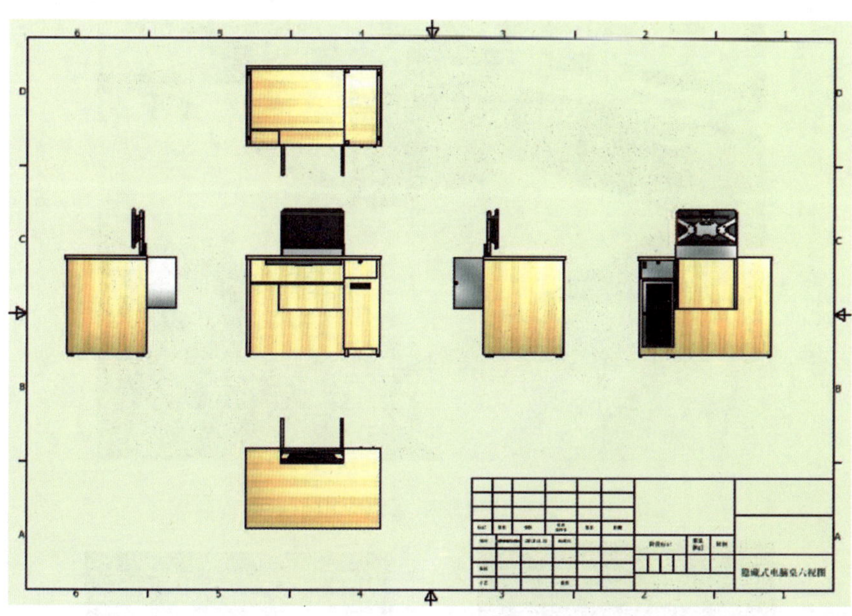

图 5-9 隐藏式电脑桌 6 视图

如果产品已经有实物模型，则最好还能够提供实物模型的照片，这比纸上谈兵更有说服力，可以提高专利申报的成功率。隐藏式电脑桌设计完成后，已经在学校的机房推广使用，如图 5-10 和图 5-11 所示。

隐藏式电脑桌设计在 2012 年 9 月份申请了外观设计专利、实用新型专利，并且成功地在 2012 年 12 月获得国家知识产权局发放的外观设计专利证书，如图 5-12 所示；2013 年 9 月获得国家知识产权局发放的实用新型专利证书，如图 5-13 所示。这是学生设计成果的结晶，也是学生创造发明的动力。

图 5-10　隐藏式电脑桌实例应用实景图(1)

图 5-11　隐藏式电脑桌实例应用实景图(2)

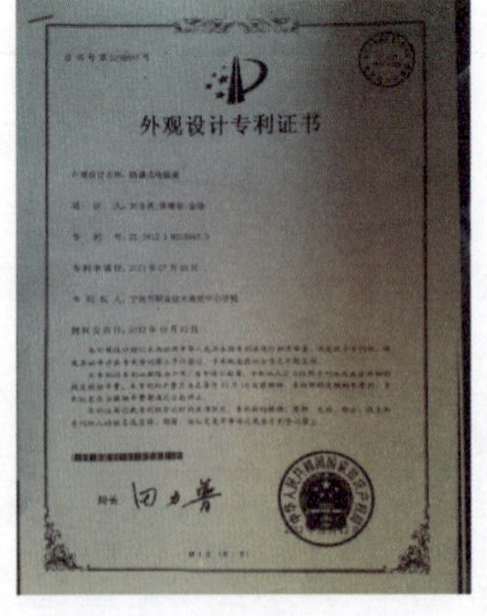

外观设计专利证书

图 5-12　隐藏式电脑桌外观设计专利证书

图 5-13　隐藏式电脑桌实用新型专利证书

第三节　申报文件

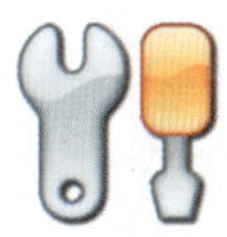

技能要求

1. 了解专利申请文件的概念和作用。
2. 了解申请专利所需文件和各部分的作用。
3. 了解专利申请的程序。

知识储备

一、专利申请文件

一项发明创造必须由有权申请的人以书面形式，或者以国务院专利行政部门规定的其他形式向国家知识产权局提出申请，才有可能取得专利权。这些以书面形式或规定的其他形式提交的材料称为专利申请文件(目前仅允许以书面形式提交,电子文本只能作为随正式书面文件一起附交的副本)。

二、专利申请文件的作用

专利申请文件是一种法律文件，其作用主要有五个方面：

1）启动专利局对专利申请的审批程序。

2）向全社会充分公开发明创造的内容，使所属领域的普通技术人员能够实施。

3）阐明申请人对该发明创造所要求的保护范围。

4）专利局根据申请文件记载的内容进行审查，是审查的原始依据。

5）专利批准后的授权文本是判断侵权的依据。

三、申请专利所需文件

申请发明专利的，申请文件应包括发明专利请求书、说明书(附图)、权利要求书、摘要(有摘要附图)，各一式一份。涉及氨基酸或核苷酸序列的发明专利申请，其说明书应当包括该序列表，并把该序列表作为说明书的一个单独部分提交，同时还应提交符合国家知识产权局规定的记载有该序列表的光盘或软盘。

申请实用新型专利的，申请文件应包括实用新型专利请求书、说明书、说明书附图、权利要求书、摘要及其附图，各一式一份。

申请外观设计专利的，申请文件应包括外观设计专利请求书、图片或照片，各一式一份。要求保护色彩的，还应当提交彩色图片或照片，一式两份。提交图片的，两份均应为图片；提交照片的，两份均应为照片，不得将图片或照片混用。如需要对图片或照片加以说明的，应当提交外观设计简要说明，一式一份。

四、专利申请文件各组成部分的作用

1. 请求书的作用

请求书是申请人向专利局表示请求授予专利权愿望的一个文件，由其启动专利申请和审批程序。

2. 权利要求书的主要作用

在权利要求书中，用技术特征的总和来表示发明和实用新型的技术方案，其作用如下：

1）表述专利申请人对发明或实用新型所要求的保护范围。

2）授权后的权利要求书用来确定专利权受保护的法律范围。

3）在一定程度上反映出发明或实用新型与最接近的现有技术之间的联系与区别。

权利要求书的作用主要是前两项，其本质是作为确定专利权保护范围的法律性文件。

3. 说明书的主要作用

说明书是一项发明或实用新型申请专利的基础，其作用如下：

1）作为一项技术性法律文件，向全社会公开发明和实用新型的技术内容。

2）说明书是权利要求书的依据，必要时可以用来解释权利要求书。

五、专利申请程序

1. 受理阶段

专利局收到专利申请后进行审核，如果符合受理条件，专利局将确定申请日，给与申请号，并在核实过文件清单后发出受理通知书，通知申请人。对于申请文件未打字、印刷或本身不清、有涂改的；或者附图及图片未用绘图工具和黑色墨水绘制、照片模糊不清、有涂改的；或者申请文件不齐备的；或者请求书中缺申请人姓名或名称及地址不详的；或者专利申请类别不明确或无法确定的，以及外国单位和个人未经专利代理机构直接寄来的专利申请不予受理。

2. 初步审查阶段

经受理后的专利申请按照规定缴纳申请费的，自动进入初审阶段。初审前，发明专利申请首先要进行保密审查，需要保密的，按保密程序处理。在初审时要对申请是否存在明显缺陷进行审查，主要包括审查内容是否属于《专利法》中不授予专利权的范围，是否存在明显缺乏技术内容而不能构成技术方案，是否缺乏单一性，申请文件是否齐备及格式是否符合要求等。

3. 公布阶段

发明专利申请从发出初审合格通知书起进入公布阶段，如果申请人没有提出提前公开的请求，要等到申请日起满 15 个月才进入公开准备程序；如果申请人请求提前公开的，则申请立即进入公开准备程序，经过格式复核、编辑校对、计算机处理、排版印刷，大约 3 个月后在专利公报上公布其说明书摘要并出版说明书单行本，申请公布以后，申请人就获得了临时保护的权利。

4. 实质审查阶段

发明专利申请公布以后，如果申请人已经提出实质审查请求并已生效的，申请进入实审程序。如果申请人从申请日期满三年还未提出实审要求，或者实审要求未生效的，申请即被视为撤回。在实审期间，将对专利申请是否具有新颖性、创造性、实用性以及专利法规定的其他实质性条件进行全面审查。经审查认为不符合授权条件或者存在各种缺陷的，将通知申请人在规定时间内陈述意见或者进行修改，逾期不答复的，申请将被视为撤回；经多次答复申请不符合要求的，予以驳回。实审周期较长，若从申请日起 2 年内尚未授权，从第 3 年起应当每年缴纳申请维持费，逾期不缴的，申请将被视为撤回。实审中审查未发现驳回理由的，将按规定进入授权程序。

5. 授权阶段

实用新型和外观设计专利申请经初步审查以及发明专利申请经实质审查未发现驳回理由的，由审查员作出授权通知，申请进入授权登记准备阶段，对授权文本的法律效力和完整性进行复核，对专利申请的著录项目进行校对、修改后，专利局发出授权通知书和办理登记手续通知书，申请人接到通知书后应当在 2 个月内按照通知书的要求办理登记手续并缴纳规定费用，按期办理登记手续的，专利局将授予专利权，颁发专利证书，在专利等级簿上记录，并在 2 个月后于专利公报上进行公告；未按规定办理登记手续的，视为放弃取得专利权的权利。

6. 复审阶段

专利复审程序是专利申请被驳回时，给予申请人的一条救济途径。根据专利法第四十一条的规定，专利复审委员会对复审要求进行受理和审查，并作出决定，复审请求案件包括对初步审查和实质审查程序中驳回专利的申请的决定不服而请求专利复查的案件。只有专利申请人才有权启动专利复审程序，而且必须在接到驳回通知3个月内向国家知识产权局专利复审委员会提出。

7. 专利无效

在企业的专利申请和专利运用中，专利无效是被企业、单位运用最多的专利法规之一。专利无效已成为专利诉讼中的必要手段和技巧。专利权宣告无效的法律后果，是被宣告无效的专利权视为自始即不存在，对专利复审委员会宣告专利权无效或者维持专利权的决定不服的，可以自收到通知之日起3个月内向人民法院提出诉讼。

知识小百科

发明和实用新型专利给予保护的客体的区别

1. 发明的定义

根据专利法规定：专利法所称发明，是指对产品、方法或者其改进所提出的新的技术方案。因而发明专利给予保护的客体既可以是产品，也可以是方法。

2. 实用新型的定义

根据专利法规定：专利法所称实用新型，是指对产品的形状、构造或者其结合所提出的适于实用的新的技术方案。其与发明专利给予保护的客体的区别在于：

1）只保护产品，不保护方法。

2）必须是有形状、结构的产品。

新手学步

练习：现有一项产品设计打算申请外观专利，你需要做哪些准备呢？

1）申请外观设计专利时，应当提交外观申请专利请求书、外观设计图片或照片、外观设计简要说明。表格可在国家知识产权局网站下载，在图 5-14 所示的黑框栏目中找到“表格下载”栏目，下载所需要的外观申请专利请求书、外观设计专利请求书英文信息表等。

2）打开下载的表格，见表 5-1 和表 5-2。表格应当使用国家公布的中文简化汉字填写，表中文字应当打字或者印刷，字迹为黑色。外国人姓名、名称、地名无统一译文时，应当同时在请求书英文信息表中注明。

图 5-14 国家知识产权局网站首页

表 5-1　外观申请专利请求书

外观申请专利请求书

请按照“注意事项”正确填写本表各栏		此框内容由国家知识产权局填写
⑥ 使用外观设计的产品名称		① 申请号　（外观设计）
		②分案 提交日
⑦ 设计人		③ 申请日
		④ 费减审批
⑧ 第一设计人国籍　居民身份证件号码		⑤ 挂号号码

（续）

<table>
<tr><td rowspan="12">⑨申请人</td><td rowspan="4">申请人(1)</td><td colspan="2">姓名或名称</td><td>电话</td></tr>
<tr><td colspan="2">居民身份证件号码或组织机构代码</td><td>电子邮箱</td></tr>
<tr><td colspan="2">国籍或注册国家(地区)</td><td>经常居所地或营业所所在地</td></tr>
<tr><td>邮政编码</td><td colspan="2">详细地址</td></tr>
<tr><td rowspan="4">申请人(2)</td><td colspan="2">姓名或名称</td><td>电话</td></tr>
<tr><td colspan="3">居民身份证件号码或组织机构代码</td></tr>
<tr><td colspan="2">国籍或注册国家(地区)</td><td>经常居所地或营业所所在地</td></tr>
<tr><td>邮政编码</td><td colspan="2">详细地址</td></tr>
<tr><td rowspan="4">申请人(3)</td><td colspan="2">姓名或名称</td><td>电话</td></tr>
<tr><td colspan="3">居民身份证件号码或组织机构代码</td></tr>
<tr><td colspan="2">国籍或注册国家(地区)</td><td>经常居所地或营业所所在地</td></tr>
<tr><td>邮政编码</td><td colspan="2">详细地址</td></tr>
<tr><td rowspan="2">⑩联系人</td><td colspan="2">姓名</td><td>电话</td><td>电子邮箱</td></tr>
<tr><td colspan="2">邮政编码</td><td colspan="2">详细地址</td></tr>
<tr><td colspan="5">⑪ 代表人为非第一署名申请人时声明　　特声明第____署名申请人为代表人</td></tr>
<tr><td rowspan="4">⑫专利代理机构</td><td colspan="3">名称</td><td>机构代码</td></tr>
<tr><td rowspan="3">代理人(1)</td><td>姓名</td><td rowspan="3">代理人(2)</td><td>姓名</td></tr>
<tr><td>执业证号</td><td>执业证号</td></tr>
<tr><td>电话</td><td>电话</td></tr>
<tr><td>⑬分案申请</td><td>原申请号</td><td colspan="2">针对的分案申请号</td><td>原申请日　年　月　日</td></tr>
<tr><td rowspan="2">⑭要求外国优先权声明</td><td>原受理机构名称</td><td>在先申请日</td><td>在先申请号</td><td rowspan="2">⑮不丧失新颖性宽限期声明
☐ 已在中国政府主办或承认的国际展览会上首次展出
☐ 已在规定的学术会议或技术会议上首次发表
☐ 他人未经申请人同意而泄露其内容</td></tr>
<tr><td></td><td></td><td></td></tr>
<tr><td>⑯相似设计</td><td colspan="4">☐ 本案为同一产品的相似外观设计，其所包含的项数为________项</td></tr>
<tr><td>⑰成套产品</td><td colspan="4">☐ 本案为成套产品的多项外观设计，其所包含的项数为________项</td></tr>
</table>

（续）

⑱ 申请文件清单 1. 请求书　　份　页 2. 图片或照片　　份　页 3. 简要说明　　份　页 图片或照片　幅	⑲ 附加文件清单 □ 费用减缓请求书　　份　共　页 □ 费用减缓请求证明　　份　共　页 □ 优先权转让证明　　份　共　页 □ 专利代理委托书　　份　共　页 总委托书（编号________） □ 在先申请文件副本　　份 □ 在先申请文件副本首页译文　　份 □ 其他证明文件（名称________）　份共　页
⑳ 全体申请人或专利代理机构签字或者盖章 年　月　日	㉑ 国家知识产权局审核意见 年　月　日

表 5-2　外观设计专利请求书英文信息表

外观设计专利请求书英文信息表

使用外观设计的产品名称	
设计人姓名	
申请人名称及地址	

3）表 5-1 中的方格供填表人选择使用，若有方格后所述内容的，应当在方格内作标记。表中所有详细地址栏，本国的地址应当包括省（自治区）、市（自治州）、区、街道门牌号码，或者省（自治区）、县（自治县）、镇（乡）、街道门牌号码，或者直辖市、区、街道门牌号码。有邮政信箱的，可以按规定使用邮政信箱。外国的地址应当注明国别、市（县、州），并附具外文详细地址。其中，申请人、专利代理机构、联系人的详细地址应当符合邮件能够迅

速、准确投递的要求。

4）认真阅读表格前的填表说明，按照要求将内容填写到相应的表格中。

① 表 5-1 第①、②、③、④、⑤、㉑栏由国家知识产权局填写。

② 表 5-1 第⑥栏使用外观设计的产品名称应当与外观设计图片或照片中表示的外观设计相符合，能够准确、简明地表明要求保护的产品的外观设计。产品名称一般应当符合国际外观设计分类表中小类列举的名称。产品名称一般不得超过 20 个字。

③ 表 5-1 第⑦栏设计人应当是个人。设计人有 2 个以上的，应当按自左向右的顺序填写。设计人姓名之间应当用分号隔开。设计人可以请求国家知识产权局不公布其姓名。若请求不公布姓名，则应在此栏所填写的相应设计人后面注明“(不公布姓名)”。

④ 表 5-1 第⑧栏应当填写第一设计人国籍，第一设计人为中国内地居民的，应当同时填写居民身份证件号码。

⑤ 表 5-1 第⑨栏申请人是个人的，应当填写本人真实姓名，不得使用笔名或其他非正式的姓名；申请人是单位的，应当填写单位正式全称，并与所使用的公章上的单位名称一致。申请人是中国单位或者个人的，应当填写其名称或姓名、地址、邮政编码、组织机构代码或者居民身份证件号码；申请人是外国人、外国企业或外国其他组织的，应当填写其姓名或名称、国籍或注册的国家或地区、经常居所地或营业所所在地。

⑥ 表 5-1 第⑩栏，申请人是单位且未委托专利代理机构的，应当填写联系人，并同时填写联系人的通信地址、邮政编码、电子邮箱和电话号码，联系人只能填写一人，且应当是本单位的工作人员。申请人为个人且需由他人代收国家知识产权局所发信函的，也可以填写联系人。

⑦ 表 5-1 第⑪栏，申请人指定非第一署名申请人为代表人时，应当在此栏指明被确定的代表人。

⑧ 表 5-1 第⑫栏，申请人委托专利代理机构的，应当填写此栏。

⑨ 表 5-1 第⑬栏，申请是分案申请的，应当填写此栏。申请是再次分案申请的，还应当填写所针对的分案申请的申请号。

⑩ 表 5-1 第⑭栏，申请人要求外国优先权的，应当填写此栏。

⑪ 表 5-1 第⑮栏，申请人要求不丧失新颖性宽限期的，应当填写此栏，并自申请日起 2 个月内提交证明文件。

⑫ 表 5-1 第⑯栏，当同一产品两项以上的相似外观设计作为一件申请提出时，申请人应当填写相关信息。一件外观设计专利申请中的相似外观设计不得超过 10 项。

⑬ 表 5-1 第⑰栏，用于同一类别并成套出售或使用的产品的 2 项以上外观设计，作为一件申请提出时，申请人应当填写相关信息。成套产品外观设计专利申请中不应包含某一件或几件产品的相似外观设计。

⑭ 表 5-1 第⑱、⑲栏，申请人应当按实际提交的文件名称、份数、页数及图片或照片

幅数正确填写。

⑮ 表 5-1 第⑳栏，委托专利代理机构的，应当由专利代理机构加盖公章。未委托专利代理机构的，申请人为个人的，应当由本人签字或盖章；申请人为单位的，应当加盖单位公章；有多个申请人的，应由全体申请人签字或盖章。

⑯ 表 5-1 第⑦、⑨、⑭栏，设计人、申请人、要求外国优先权声明的内容填写不下时，应当使用规定格式的附页续写。

专利申报并通过审查以后，国家知识产权局将授予设计人专利证书。图 5-15 ~ 图 5-18 所示为“齿轮闹钟”的外观设计专利证书内页。

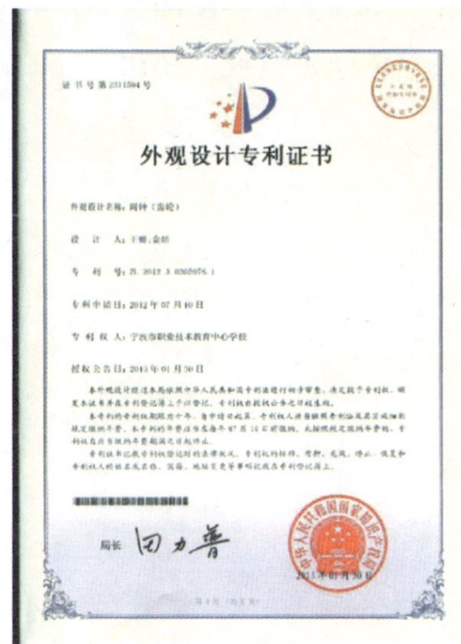

外观设计专利证书

专利权人：宁波市职业技术教育中心学校

图 5-15　内页(1)

(19)中华人民共和国国家知识产权局

(12)外观设计专利

(54)使用外观设计的产品名称

图 5-16　内页(2)

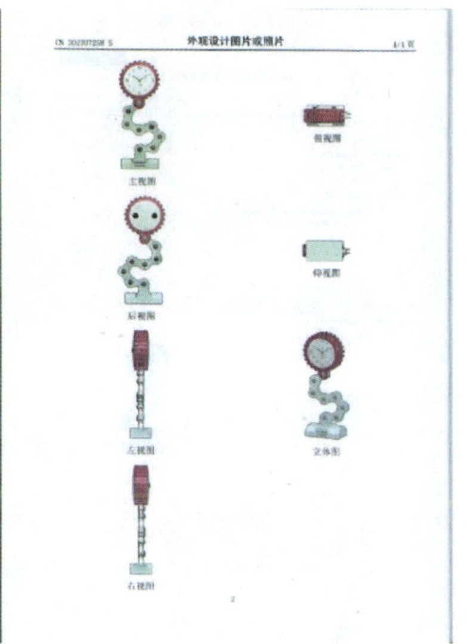

图 5-17　内页(3)

简 要 说 明

图 5-18　内页(4)

参 考 文 献

[1] 王幼龙．机械制图[M].2 版．北京：高等教育出版社，2007.
[2] 王姬，等．CAD/CAM 建模与实训[M]. 北京：高等教育出版社，2008.
[3] 方展画．创新教程[M].2 版．杭州．浙江大学出版社，2013.
[4] 刘彭芝，等．技术与创新设计[M]. 北京：中国人民大学出版社，2010.
[5] 刘彭芝，等．头脑创新思维训练[M]. 北京：中国人民大学出版社，2010.